Zlochov, My Home

SUNY series in
Contemporary Jewish Literature and Culture

Ezra Cappell, editor

Zlochov, My Home

Poems by Moyshe-Leyb Halpern

Selected and Translated by Richard Fein

Introduction by Lawrence Rosenwald

A Translator's Edition

Preparation of the Yiddish text by Yankl Salant and Harry Bochner

excelsior editions

AN IMPRINT OF STATE UNIVERSITY OF NEW YORK PRESS

www.sunypress.edu

Cover Credit: Drawing of Moyshe-Leyb Halpern in 1922, likely by Yosl Cutler. Courtesy of Richard J. Fein
Published by State University of New York Press, Albany
© 2026 State University of New York
All rights reserved
Printed in the United States of America

No part of this book may be used or reproduced in any manner whatsoever without written permission. No part of this book may be stored in a retrieval system or transmitted in any form or by any means including electronic, electrostatic, magnetic tape, mechanical, photocopying, recording, or otherwise without the prior permission in writing of the publisher.

Links to third-party websites are provided as a convenience and for informational purposes only. They do not constitute an endorsement or an approval of any of the products, services, or opinions of the organization, companies, or individuals. SUNY Press bears no responsibility for the accuracy, legality, or content of a URL, the external website, or for that of subsequent websites.

EU GPSR Authorised Representative:
Logos Europe, 9 rue Nicolas Poussin, 17000, La Rochelle, France
contact@logoseurope.eu

Excelsior Editions is an imprint of State University of New York Press

For information, contact State University of New York Press, Albany, NY
www.sunypress.edu

Library of Congress Cataloging-in-Publication Data
Names: Halpern, Moshe Leib, 1886–1932, author. | Fein, Richard J., 1929– editor translator.
Title: Zlochov, my home / poems by Moyshe-Leyb Halpern ; edited and translated by Richard J. Fein.
Description: Albany : State University of New York Press, 2026. | Series: SUNY series in contemporary Jewish literature and culture | Includes bibliographical references.
Identifiers: LCCN 2025023989 | ISBN 9798855805031 (paperback) | ISBN 9798855805048 (epub) | ISBN 9798855806953 (PDF)
Subjects: LCSH: Halpern, Moshe Leib, 1886-1932—Translations into English | LCGFT: Poetry
Classification: LCC PJ5129.H33 Z38 2025 | DDC 839/.113—dc23/eng/20250626
LC record available at https://lccn.loc.gov/2025023989

Also by Richard Fein

Poetry

Selected Poems of Yankev Glatshteyn (*translations*)

Kafka's Ear

At the Turkish Bath

To Move into the House

Ice like Morsels

I Think of Our Lives: New and Selected Poems

Mother Tongue

Reversion

With Everything We've Got (*translations*)

B'KLYN

My Hands Remember

Not a Separate Surge: New and Selected Poems

The Full Pomegranate: Poems of Avrom Sutzkever (*translations*)

Whitman/Vitman

Losing It

Dear Yiddish

The Polish Dream Machine

Prose

Robert Lowell

The Dance of Leah

Yiddish Genesis

*For Solon Beinfeld, Harry Bochner, Larry Rosenwald,
and in memory of Sacvan Bercovitch*

Listen'd to keep, to sing, now translating the notes,
Following you my brother.

— Walt Whitman, "Out of the Cradle Endlessly Rocking"

Contents

A Note
   Richard Fein   *xiii*

Introduction
   Lawrence Rosenwald   *1*

from *In New York* (1919)

A Rogue's Prayer	6
Gingili	10
Your Life	16
Try to Get Rid of Them	18
R. — B.	20
You, My Restlessness	24
A Good Dream	26
Memento Mori	28
A Strange Thought	30
In You —	32
You My Wild One, You	34
Isaac Leybush Peretz	36
My Restlessness from a Wolf	40
Just Because	42
Who Cries	44
The Last Poem	46
Who Is?	48
[Why Don't You . . . ?]	50
[Brother]	52

from *The Golden Peacock* (1924)

The Bird	56
Zlochov, My Home	60
The Tale of the Fly	64

Considering the Bleakness	68
In the Light of the Lamp	70
You'll Never Catch Me Saying	72
From a Letter of Mine	74
Harshber, the Coalman	78
Man the Ape	82
The Story About the World	84
Abie Curley, the War Hero	86
The Last One	90
My Will	92
The Sorrow of the World	96
Sunrise	98
Who Will Save?	100
Hey, You Naked Man	102
I, Your God	104
Hey, Jew, My Brother!	106
At Midnight	108
When the Sun Goes Down	110
Zarkhi to Himself	112
[Zarkhi, My Brother]	114
[It's Not So Much]	116
[The Face of the Ocean]	118
[Zarkhi, Zarkhi!]	120
[Zarkhi, Zarkhi! . . .]	122
[The Dead King's Lament]	124
Zarkhi's Family	126
We Go Walking	128
[I Ask My Dear Wife]	130

from *Moyshe-Leyb Halpern: Volume One* (1934)

Sacco-Vanzetti	134
Evening	138
Strangeness Between Us	140
In the World	142
In Central Park	144
Kol Nidre	146
Evening	148
A Velvet Dress	150
Song of the Dead Nobleman	152

from *Moyshe-Leyb Halpern: Volume Two* (1934)

Sunset on Trees 158
The Hasidic Rebbe 160
Shalamoyzn 162
My Shouting 164

Afterword

Moyshe-Leyb Confronts Me 168

Notes *171*

A Note

Richard Fein

When I say that this collection is a translator's edition, I mean that I have only included those poems of Moyshe-Leyb Halpern's I had a need to possess in English.

I have not differentiated between relatively close translations and freer renderings. The order of the poems is as they appear in the books by Halpern.

I want to express my special thanks to Solon Beinfeld, a historian with golden ears for Yiddish and English. Without his help I could not have done these translations. George Kalogeris, dear fellow poet, generously helped me shape my translations, as did also Larry Rosenwald, whose conversations with me always intensified my understandings. Yankl Salant strengthened my grasp of the Yiddish originals and kept a close eye on the Yiddish sources of my work. Dan Carey helped me prepare the manuscript for publication.

Acknowledgments

The following poems appeared in my previous books: "Zlochov, My Home," "Evening," "In the World," "Considering the Bleakness," "You, My Restlessness," "In Central Park," "The Last One," and "A Velvet Dress."

The Yiddish poems of Moyshe-Leyb Halpern and his photograph are printed here with the permission of Mark Halpern and his brother and sister.

Introduction

Lawrence Rosenwald

Moyshe-Leyb Halpern (1886–1932) was, as Ruth Wisse writes, among "the most original and distinctive voice[s] in Yiddish poetry." He was free of sentimentality and rich in irony, a virtuoso of form, politically engaged but not subservient to any ideology, the creator of half a dozen brilliant poetic personae and interlocutors, loved and known by Yiddish readers but never oversimplifying his poetry to win their praise.

Halpern's life was like that of many Yiddish poets: limited formal schooling, abundant informal education, and the constant struggle to make a living. A hard life to live, a good life for making poetry of. He grew up in Zlochov, in Galicia, and went to *ḥeder* there. His formal schooling stopped when he was twelve, and his father Isaac, a hatmaker, sent him off to Vienna to study sign painting. He spent ten years there, studied German literature, probably read German translations of Baudelaire, wrote his first poems in German, returned to Zlochov in 1907, and began to write in Yiddish. This rambling, uncertain movement from writing in other languages to writing in Yiddish was common; Itzik Manger, younger than Halpern by fourteen years, thought of writing both in Romanian and in German before turning, or returning, to Yiddish.

Halpern attended the pioneering Yiddish Language Conference in Czernowitz in 1908, and in that same year he headed off for New York and its lively, diverse community of Yiddish writers. He did some work as a presser, but did it badly; he was more successful with literary work of all kinds, though little of his work brought him much money. He edited, proofread, reported, and wrote poems, journalism, and satire. In 1919 he married Royzele Baron. We know little about her, but one letter of his to her suggests he thought of her as a superb and playful reader: "Perhaps it is only the lyrical poet who coquettishly shows off his suffering like a clown toying with the bells on his cap, or like a pauper who jingles the few coins in his pocket so others would believe he has golden riches?" (tr. Chana Kronfeld, *On the Margins of Modernism*). He also wrote moving poems to her, and later to their son Isaac. He wrote for satirical journals — he was one of the few Yiddish poets at home in such journals, and has this among other things in common with the German-Jewish poet Heinrich Heine. He published poems in literary reviews, some of which he helped edit. He wrote, traveled, and lectured for the Communist daily, *Di Frayhayt*, quarreled with its editors, and resigned in 1924. For a while he lived outside New York, but returned there to write in 1929; three years later he died of a heart attack.

Halpern was one of the most cantankerous Yiddish poets — not a small distinction — and in one way or another, at one time or another, was at odds with most of the groups and movements making up his community. He thought the politically engaged Sweatshop Poets had slipshod poetic technique and wrote a devastating critique of Morris Rosenfeld, that movement's leading voice. The group called Di Yunge (The Youngsters) held similar views of the older Sweatshop Poets, but Halpern criticized Di Yunge as well, for too closely associating poetry with a narrowly defined lyric beauty. He criticized both groups for their excessive decorum. And though he was perhaps the leading Yiddish proletarian poet — *Di Frayhayt* called him "the great proletarian poet" — he also opposed his own proletarian readers, for their presumption that poetry should be easy to understand. By 1925, he was, as Wisse writes, "subject to attack from all sides."

The heart of Halpern's work is his three books of poetry: *In New York* (1919), *The Golden Peacock* (1924), and the two-volume collection published posthumously in 1934, one volume containing poems already published in newspapers, the other poems left in manuscript. (The manuscripts used for the last volume are extant, and include multiple versions of some poems.)

In New York was deservedly a great success — "a landmark of American Yiddish poetry," as Benjamin and Barbara Harshav write. A bitter but sympathetic look at Halpern's New York and at the larger world Halpern felt connected to, *In New York* is taut, graceful, and, as the late Seth Wolitz has shown, artfully structured. Julian Levenson suggests that we should think of him as a Yiddish Baudelaire.

But Halpern's greatness as a poet has partly to do with his need not to get stuck even in a successful mode of writing, and an impressive fact about his career is his stubborn deepening of technique and vision. (Stephen Sondheim's lines in "Move On" describe Halpern well: "Anything you do / let it come from you / then it will be new.") *The Golden Peacock* reflects that deepening — there are fewer of the sharp-edged epigrams of *In New York*, more work in larger and more sprawling forms, notably extended ballads, a greater variety of voices. The personae, extending from Halpern himself to his son and wife by way of the romantic feminine figure Gingili and the avuncular sage Zarkhi, are developed and enriched. And the trajectory continues in his posthumously published work, leading to the deep, anti-lynching anger of "Salute," the deep compassion of Halpern's poem on Sacco and Vanzetti (the best of the many poems on that subject, in the four or five languages in which those poems were written), and the gritty intimacy of "From my Royzele's Diary" and "My Only Son."

His three books establish Halpern as a great poet: a Yiddish poet, a proletarian poet, an American poet, as broadly and intensely interesting a poet as Heine or Baudelaire or Frost. Yiddishists know this, of course. Some specialists and curious critics know it too — witness Harold Bloom's remark that Halpern was a more impressive poet, in his experience as a reader, "than any American-Jewish poet who has written in English." But most readers of poetry and of

Jewish American literature are ignorant even of Halpern's existence, let alone of his power and excellence.

Reviews and accolades of new translations of previously translated works too often seek to clear the field for the new translation by doing away with the old ones. *Author X has been translated often, but none of those translations offers anything like the clarity/precision/vitality/immediacy/beauty/majesty of Y's translation now before you.* An unproductive gesture and false claim that will no doubt be repeated at a future point, when translator Y is consigned to the dustheap to make way for translator Z.

A better way is to think of new translations the way we think of new performances of enduring roles or pieces of music. Vikingur Ólaffson's performance of Bach's *Goldberg Variations* is terrific, but it erases neither Glenn Gould's two recordings of the work, nor Murray Perahia's, nor Pierre Hantaï's. In reviewing such a performance, we would try simply to say what each performer offers, all the performances contributing in their various ways to our understanding of the piece and its afterlife.

Accordingly, Halpern has been translated before, and translated well: by Kathryn Hellerstein, in her book of selections from *In New York*; by John Hollander, in the fifty pages devoted to Halpern's work in the *Penguin Anthology of Modern Yiddish Verse*; by Barbara and Benjamin Harshav, with Hellerstein's assistance, in the hundred pages devoted to his work in *American Yiddish Poetry*. All of these remain pertinent. Fein's translations do not obliterate them.

The relevant questions are rather these: What do Fein's translations add? What do they change? What is new and distinctive? For one thing, a different selection of Halpern's poems than we usually see. Fein creates this selection on the basis of a simple principle: Translate only what engages you. He reads through Halpern, some poems matter to him, some do not, he translates the former and not the latter. He is thus creating not only a set of translations but an anthology, personal but not merely personal, an offer and a challenge to the reader: Consider these poems as representing who Halpern is, and see what image of the poet emerges. The Jewish anthological imagination has a long and distinguished history; Fein's translations are in that tradition and enhance it.

Fein is also a superb poet. As he himself would say, he is not a virtuoso the way John Hollander was, he could not write *Rhyme's Reason*. But he has a wonderfully grounded, authentic diction. The words he chooses are alive, surprising, direct, unguarded. No clichés, no pseudopoetry, no prefabricated language, no compromises in diction for the sake for rhyme or meter, every word chosen as the right word at the moment of its appearance. So also his rhythms. He is not a poet working in fixed meters, but the rhythms of his lines have in abundance what Robert Frost called "sentence sound," the cadences of a living voice, sometimes moving easily and sometimes roughly and unevenly, never mechanically.

One could say similar things of other poet-translators. But there is something else here too, something harder to talk about. I have been reading Fein's poems and translations for some forty years, and this last characteristic has emerged over time as distinctive and beautiful. It is difficult to tell the differences between the poems and translations. This is not because Fein's voice imposes itself on Halpern's, any more than it has imposed itself on Glatshteyn or Sutskever in some of Fein's earlier projects. It is rather because something has been imposed on, or rather invited into, Fein's own voice, his voice in English, and the thing that has been invited in is the Yiddish language. "Sound me out, *kling mir on*, / *Kling mir on,* sound me out," as he writes in his wonderful poem, "Dear Yiddish." Which language is original and which is translation? In these translations we hear Halpern's Yiddish voice, we see Halpern's Yiddish rhythms and schemes, and we hear and see these things in an English that is not quite English, or that is English and something more. That is Fein's largest contribution, and it will endure.

Works Cited

Bloom, Harold. "The Sorrows of American-Jewish Poetry." *Commentary* (March 1972).

Harshav, Barbara, and Benjamin Harshav. *American Yiddish Poetry: A Bilingual Anthology*. University of California Press, 1986.

Howe, Irving, Ruth R. Wisse, and Khone Shmeruk, eds. *The Penguin Book of Modern Yiddish Verse*. Viking, 1987.

Kornfeld, Chana. *On the Margins of Modernism*. University of California Press, 1996.

from *In New York* (1919)

A Rogue's Prayer

Take my talent and hand it over
to an old dog or some landlord,
who also wants a bit of respect,
his dear neighbors resentful.
Oh, help me, help me, God.

Oh, help me, God,
so when out of the clear blue
some dumb jerk attacks me
my fist smashes into his mug,
resounding like the ringing of a bell.
Oh, help me, help me, God.

Oh, help me, God,
in case my good friends ruminate
with gnashing teeth
on how and on what I live, I
all the while just loafing around.
Oh, help me, help me, God.

Oh, help me, God,
let something bitter and biting,
like a bowl of fresh horseradish,
grate on the pious hypocrite
who nosies into my space.
Oh, help me, help me, God.

Oh, help me, God,
let my speech be disgusting,
like a dead cat in the garbage.
And wherever I set my foot
let that place remain desolate.
Oh, help me, help me, God.

Oh, help me, God,
like a wretched whore-dance,
let me flaunt my insolence
and let every man who has a wife
curse me.
Oh, help me, help me, God.

אַ תּפֿילה פֿון אַ לומפּ

נעם מײַן טאַלאַנט, און גיב איך אָפּ
אַן אַלטן הונט, צי אַ באַלעבאָס,
וואָס וויל אַ ביסל כּבֿוד אויך,
די ליבע שכנים צום פֿאַרדראָס.
אָ, העלף מיר, העלף מיר, גאָט.

אָ העלף מיר, גאָט,
אַז ווען אין מיטן העלן טאָג
פֿאַלט אָן אויף מיר אַ גראָבער יונג
זאָל אויף זײַן מאָרדע גלײַך מײַן פֿויסט
אַ הילך טאָן ווי אַ גלאָקנקלונג.
אָ, העלף מיר, העלף מיר, גאָט.

אָ, העלף מיר, גאָט,
עס זאָלן אויך די גוטע פֿרײַנד
זיך גריבלען, מיט פֿאַרקריצטע ציין,
פֿון וואָס און ווי אַזוי איך לעב
און איך זאָל דווקא ליידיק גיין.
אָ, העלף מיר, העלף מיר, גאָט.

אָ, העלף מיר, גאָט,
אַז ברענענדיק און האַרב אַזוי,
ווי בײַ אַ שיסל פֿרישן כריין,
זאָל האַרב זײַן דער פֿרומאַק וואָס וועט
אין מײַנע דלת אַמות שטיין
אָ, העלף מיר, העלף מיר, גאָט.

אָ, העלף מיר, גאָט,
אַז עקלען זאָל פֿון מײַנע רייד,
ווי פֿון אַ טויטער קאַץ אין מיסט.
און וווּ איך שטעל אַ פֿוס אַוועק
זאָל יענער אָרט פֿאַרבלײַבן וויסט.
אָ, העלף מיר, העלף מיר, גאָט.

אָ, העלף מיר, גאָט,
אַז ווי אַ וויסטער הורנטאַנץ,
זאָל אין די אויגן וואַרפֿן זיך
מײַן חוצפּה אויך, און יעדער מאַן,
וואָס האָט אַ ווײַב, זאָל שילטן מיך.
אָ, העלף מיר, העלף מיר, גאָט.

Oh, help me, God,
so I myself should be the sickle,
and I myself should be the stone.
And I spit on the world,
on You and also on myself —
Oh, help me, help me, God.

אָ, העלף מיר, גאָט,
אַז איך אַליין זאָל זײַן די סערפֿ —
און איך אַליין זאָל זײַן דער שטיין.
און שפּײַען זאָל איך אויף דער וועלט,
אויף דיר און אויך אויף זיך אַליין.
אָ, העלף מיר, העלף מיר, גאָט.

Gingili

Oh, Gingili, my bloody heart,
who is that young man who dreams in the snow
and drags his feet like two blocks of wood
in the middle of the street at night?

That's Moyshe-Leyb — a real gem —
who will someday freeze
while fantasizing about
blossoms and flowers in the spring,
and will lie in the snow
and no longer move
though dreaming
of strolling through cornfields.

Moyshe-Leyb — that real gem — dreams,
the guard sings tra-la-la,
the hobo responds hop-a-hop
the doggie goes bow-wow,
the kitty goes meow.

Oh, Gingili, my bloody heart,
who is that crawling around in the snow,
while seeing himself sitting near the fireplace
in the middle of the street at night?

That's Moyshe-Leyb — a real gem —
who's too lazy for cogitation;
he freezes in the snow as he himself
sees a palace all closed up,
he himself the king trapped there,
guards watching over him
and all his years sinking
like suns at dusk.

גינגילי

אָ, גינגילי, מײַן בלוטיק האַרץ,
ווער איז דער יונג וואָס טרוימט אין שניי
און שלעפּט די פֿיס ווי קלעצער צוויי
אין מיטן גאַס בײַ נאַכט?

דאָס איז דער תּכשיט משה־לייב,
וואָס וועט אַ מאָל דערפֿירן
בעת ער וועט פֿון פֿרילינגצוויט
און בלומען פֿאַנטאַזירן;
און וועט ער ליגן שוין אין שניי
און זיך שוין מער ניט רירן, —
וועט ער אין טרוים נאָך דעמאָלט אויך
אין זאַנגענפֿעלד שפּאַצירן.

טרוימט דער תּכשיט משה־לייב
זינגט דער וועכטער טרי־לי־לי,
ענטפֿערט דער באָסיאַק האַפּטשי,
מאַכט דאָס הינטל האַוו־האַוו־האַוו,
מאַכט דאָס קעצל מיאַו.

אָ, גינגילי, מײַן בלוטיק האַרץ,
ווער קריכט אין שניי אַהער, אַהין,
און זעט זיך זיצן בײַם קאַמין
אין מיטן גאַס בײַ נאַכט?

דאָס איז דער תּכשיט משה־לייב
וואָס פֿילט זיך צו פֿאַרטראַכטן;
ער פֿירט אין שניי און זעט פֿאַר זיך
אַ פּאַלאַץ אַ פֿאַרמאַכטן
און זיך אַליין דעם קעניג דאָרט
פֿון שומרים אַ באַוואַכטן
און אַלע זײַנע יאָר פֿאַרגיין
ווי זונען אין פֿאַרנאַכטן.

Moyshe-Leyb — that real gem — yearns,
the guard sings tra-la-la,
the hobo responds hop-a-hop,
the doggie goes bow-wow,
the kitty goes meow.

Oh, Gingili, my bloody heart,
who twists and turns
and hops and skips under the streetlight
in the middle of the night?

That's Moyshe-Leyb — a real gem —
who stomps in place in the snow
just so his feet
don't completely freeze;
whereupon he sees snowflakes on himself,
himself like blossoms shining in the sun,
and girls with wild hair
adorned with fire-garlands.

Moyshe-Leyb — that real gem — dances,
the guard sings tra-la-la,
the hobo responds hop-a-hop,
the doggie goes bow-wow,
the kitty goes meow.

Oh, Gingili, my bloody heart,
is there a rooster here in town?
Who gave off a cockcrow like that
in the middle of the street at night?

בענקט דער תּכשיט משה־לייב,
זינגט דער וועכטער טרי־לי־לי,
ענטפֿערט דער באָסיאַק האַפּטשי,
מאַכט דאָס הינטל האַוו־האַוו־האַוו,
מאַכט דאָס קעצל מיאַו.

אָ, גינגילי, מײַן בלוטיק האַרץ,
ווער קאָרטשעט זיך אין דרײַען אײַן
און האָפּקעט בײַם לאַמטערן־שײַן
אין מיטן גאַס בײַ נאַכט?

דאָס איז דער תּכשיט משה־לייב,
וואָס שטעלט אין שניי זיך טאַנצן,
כּדי עס זאָלן אים די פֿיס
ניט אײַנפֿרירן אין גאַנצן;
דערבײַ זעט ער דעם שניי אויף זיך
ווי צוויט אין זונשײַן גלאַנצן
און מיידלעך מיט צעלאָזטע האָר
באַצירט מיט פֿײַערקראַנצן.

טאַנצט דער תּכשיט משה־לייב,
זינגט דער וועכטער טרי־לי־לי,
ענטפֿערט דער באָסיאַק האַפּטשי,
מאַכט דאָס הינטל האַוו־האַוו־האַוו,
מאַכט דאָס קעצל מיאַו.

אָ, גינגילי, מײַן בלוטיק האַרץ,
צי איז דען דאָ אין שטאָט אַ האָן?
ווער האָט דאָס אַזאַ קריי געטאָן
אין מיטן גאַס בײַ נאַכט?

That's Moyshe-Leyb — a real gem —
who has nothing to worry about,
and because it seems to him
the day is hiding, somewhere,
and because it seems to him
the last rooster's been choked,
he himself breaks out crowing
good morning to himself.

Moyshe-Leyb — that real gem — crows.
The guard sings tra-la-la,
the hobo responds hop-a-hop,
the doggie goes bow-wow,
the kitty goes meow.

דאָס איז דער תּכשיט משה־לייב,
וואָס האָט ניט וואָס צו זאָרגן,
און ווײַל אים דאַכט זיך אַז דער טאָג
האָט ערגעץ זיך פֿאַרבאָרגן,
און ווײַל אים דאַכט זיך אַז מען האָט
דעם לעצטן האָן דערוואָרגן,
צעקרייט ער זיך אַליין און זאָגט
צו זיך אַליין גוט־מאָרגן.

קרייט דער תּכשיט משה־לייב,
זינגט דער וועכטער טרי־לי־לי,
ענטפֿערט דער באָסיאַק האַפּטשי,
מאַכט דאָס הינטל האַוו־האַוו־האַוו,
מאַכט דאָס קעצל מיאַו.

Your Life

Go around by day and dream that you own a villa by the sea
and your wife can play the piano and suffers from you in silence;
imagine a child, your own, who has small, smooth hands,
and who pets your beard and face and can already say "papa."
Go into a tavern and eat an appetizer, soup, meat and *tsimes*;
take pleasure in hearing some praise about you, though you are bored with
    yourself.
Go off to a burlesque show, look at the red-smeared lips
and the naked breasts vulgarly groped a thousand times.
Drink so much that street and lampposts sway around you;
wink and whisper to a streetwalker while you fix her price.
Cry to the moon. Study store signs. Stare at the houses.
And roam around aimlessly, like a clock without hands.
Roam around, aimless, like a fool, useless, until you're tired of everything.
Afterwards go home and once again throw yourself down on your bed,
and, like yesterday, lie and smoke, lie and think of yourself and everything
    else,
until you remind yourself that even mice gnaw their way through stale
    challah,
until you sense that everything emits a poisonous fume like *shmalts* poured
    over a fire.
And you yourself are perhaps only a faithful watchdog,
and you have to guard your life so it doesn't become stained
when the cat knocks over the inkwell on the tablecloth.
And God forbid that even a single fly should find its way into your life,
carrying with it two or three starving microbes.

דײַן לעבן

גיי אַרום בײַ טאָג און חלום, אַז דו האָסט בײַם ים אַ ווילע
און דײַן פֿרוי קען פּיאַנאָ שפּילן און זי לײַדט פֿון דיר אַ שטילע;
מאָל זיך אויס אַ קינד, דײַן אייגנס, וואָס האָט הענטלעך קליינע, גלאַטע,
און עס גלעט דײַן באָרד און פּנים און עס קאָן שוין זאָגן טאַטע,
גיי אין שענק אַרײַן און עס דאָרט פֿאָרשפּײַז, זופּ און פֿלייש און צימעס,
הער אַ לויב אויף זיך און פֿריי זיך, כאָטש דו ביסט אַליין זיך נימאס.
גיי אַוועק צו טענץ בורלעסקע, קוק אויף ליפּן רויט־פֿאַרשמירטע
און אויף הענגענדיקע בוזעמס טויזנט מאָל וווּלגאַר באַרירטע.
טרינק זיך אָן אַז גאַס און לאָמפּן זאָלן אַרום דיר זיך הוידען,
ווינק צו זיך אַ גאַסן־מיידל וועגן פּרײַז זיך דורכצוסו־ען,
ווײַן אַרויף צו דער לבֿנה. לייען שילדן. קוק אויף הײַזער.
און אַזוי־אָ דריי זיך נאַריש, ווי אַ זייגער אָן אַ ווײַזער.
דריי זיך נאַריש, דריי זיך נוצלאָז ביז דו ביסט פֿון אַלץ אַ מידער.
נאָך דעם גיי אַהיים און וואַרף זיך ווידער אויף דײַן בעט אַנידער
און, ווי נעכטן ליג און רייכער, ליג און טראַכט פֿון זיי און אַלע.
ביז עס ווערט דיר קלאָר אַז מײַזלעך גריזשען אויף פֿאַרדאַרטע חלה.
ביז דו ווייסט אַז אַלצדינג טשאַדעט ווי צעגאָסן שמאַלץ אין פֿײַער.
און דו אַליין ביסט אפֿשר בלויז אַ וואַכהונט אַ געטרײַער,
און דײַן לעבן מוזסטו היטן, אַז עס זאָל פֿאַרפֿלעקט נישט ווערן,
ווען עס וועט די קאַץ דעם טינטער אויפֿן טישטעך איבערקערן.
און אַז אויך קיין פֿליג חלילה זאָל צו אים קיין צוטריט האָבן,
ווען זי ברענגט מיט זיך פֿון דרויסן צוויי־דרײַ הונגעריקע מיקראָבן.

Try to Get Rid of Them

When people come with muddy and large feet
and without asking any questions open doors
and start walking through your house
as if it's a whorehouse in some back alley —
the heart would surely enjoy the rich joke
of taking a whip in its hand, the way
a baron teaches a slave of his to say good morning,
and simply driving them away like dogs.

But what do you do with the whip when the people who come
have hair the color of blonde ears of corn and sky-blue eyes
and come flying in like nimble birds
and apparently lull you to sleep in beautiful dreams
and meanwhile steal into your heart,
singing while taking off their little shoes,
like some children bathing in summer streams,
their beautiful feet in your heart's blood?

גיי פֿאַרטרײַב זיי . . .

אַז ס'קומען לײַט מיט בלאָטיקע און גרויסע פֿיס,
און פֿרעגן קיינעם ניט, און עפֿענען די טירן,
און נעמען אין דײַן הויז בײַ דיר אַרומשפּאַצירן
ווי אין אַ זנות־הויז ערגעץ אין אַ הינטערגאַס —
דאָ איז עס זיכער דאָך דעם האַרצנס שענסטער שפּאַס
אַ נעם צו טאָן אַ בײַטש אין האַנט, ווי אַ באַראָן
וואָס לערנט זײַנס אַ קנעכט גוט־מאָרגן זאָגן,
און פּשוט ווי די הינט זיי אַלע צו פֿאַריאָגן!

וואָס אָבער טוט מען מיט דער בײַטש, אַז ס'קומען לײַט
מיט זאַנגען־בלאָנדע האָר און הימל־בלויע אויגן,
און קומען ווי די פֿייגל פֿלינק אַרײַנגעפֿלויגן,
און וויגן כּלומרשט דיך אין שיינע טרוימען אײַן,
און גנבֿענען דערווײַלע זיך אין דײַן האַרץ אַרײַן,
און טוען זינגענדיק די קליינע שיכלעך אויס,
און באָדן, ווי אין זומער־טײַכלעך קינדער קליינע,
בײַ דיר אין האַרצנס־בלוט די פֿיסלעך זיי'רע שיינע?

R. — B.

My life is a primitive, gloomy quarrel,
and like the beauty of a spring evening
your calmness comes over me.
And my heart turns so peaceful
and with such goodness
that I want to stretch out my hands
and embrace the whole world,
and crying tell it
about that deep, deep pain
that up to now tormented my heart,
that primitive heart
that yearns for you,
yearns for you yourself.
How beautiful you are —
the more you wound my heart
the purer will be my love for you —
the more sacred, the purer my love
for you —
for you . . .
How beautiful you are . . .
vi sheyn bistu . . .
just as I have sometimes dreamed of you.
A dream is bright . . .
a dream that is
a white foam on a wave in the middle of the ocean,
a cloud inlaid with evening's dusky radiance,
a breath of spring breeze —
the credence of a child.
But what can reveal to me the luster
of that dream
when you, when you, life itself, stand before me?

R. — B.

מײַן לעבן איז אַ ווילדער וויסטער קריג,
און ווי די שיינקייט פֿון אַ פֿרילינגסאָוונט
קומט דײַן שטילקייט איבער מיר.
און רויִק ווערט מײַן האַרץ
און גוט אַזוי —
אַז ס'ווילט זיך אויסשטרעקן די הענט,
אַרומנעמען די גאַנצע וועלט,
און וויינענדיק דערציילן איר
פֿון יענעם טיפֿן, טיפֿן וויי,
וואָס האָט ביז איצט מײַן האַרץ געקוועלט,
דאָס ווילדע האַרץ,
וואָס האָט נאָך דיר געבענקט —
אַזוי געבענקט.
ווי שיין ביסטו . . .
וואָס מער דו ווערסט פֿאַרווּנדן מיר דאָס האַרץ,
אַלץ ריינער וועט מײַן ליבע זײַן צו דיר —
אַלץ הייליקער און ריינער וועט מײַן ליבע זײַן
צו דיר —
צו דיר . . .
ווי שיין ביסטו . . .
אַזוי האָב איך דיך שוין געטרוימט אַ מאָל.
אַ טרוים איז שיין . . .
אַ טרוים, דאָס איז —
אַ ווײַסער וואַלנשוים אין מיטן ים —
אַ וואָלקן אײַנגעזוימט פֿון אָוונטשטראַלן. —
אַן אָטעם פֿון אַ פֿרילינגסווינט —
אַ גלויבן פֿון אַ קינד. —
נאָר וואָס קאָן זאָגן מיר די שיינקייט
פֿון דעם שענסטן טרוים,
ווען דו — ווען דו, דאָס לעבן, שטייסט אַנטקעגן מיר?

How lovely your pale face blushes.
You love me . . .
revealed to me by each body-turn
as it sings down from you,
by each breath-movement as it pets my heart —
that primitive heart that can only
love you.
You, quick-tempered, you —
how wickedly you laugh!
Oh, come . . .
laugh wild and full in my arms.
And my heart will feel the titter of your young breast.
You are silent?
I know what troubles you so . . .
my heart is too lavish . . .
I am too far from you,
you child —
Is not the ocean itself lavish?
Is the ocean not far?
And see how beautifully the waves snuggle up to the shore,
how wholeheartedly
the waves snuggle up to the shore — oh you!

ווי שײַן עס רויטלט זיך דאָס בלאַסע פּנים דײַנס,
דו האָסט מיך ליב . . .
דאָס זאָגט מיר אויס
דײַן יעדער קערפּערבויג, וואָס זינגט אַראָפּ פֿון דיר,
דײַן יעדער אָטעמצוג וואָס גלעט מײַן האַרץ —
דאָס ווילדע האַרץ וואָס קען אויך אַנדעדש ניט
ווי ליבן דיך. —
דו בייזע, דו —
ווי האַרציק גוט דו לאַכסט!
אָ קום . . .
אין מײַנע אָרעמס זאָלסטו לאַכן הויך און ווילד.
און זאָל מײַן האַרץ דעם ציטער פֿילן פֿון דײַן יונגער ברוסט.
דו שווײַגסט?
איך ווייס וואָס דיר טוט ווײ . . .
צו רײַך איז דיר מײַן האַרץ . . .
צו ווײַט בין איך פֿון דיר,
דו קינד —
צי איז דער ים ניט רײַך?
צי איז דער ים ניט ווײַט?
און זע ווי שײַן די כוואַליעס זײַנע לאַשטשען זיך צום ברעג
ווי האַרציק גוט
די כוואַליעס זײַנע לאַשטשען זיך צום ברעג — אָ דו!

You, My Restlessness

Who can look at the beauty of an ocean?
Who can look into the light of your eyes?
And not feel his heart torn from joy.
And not feel his heart torn from sorrow —
you, my restlessness. You.

Why do I long for you? Oh, tell me.
Not a single night goes by, a single day,
when I don't think of you, dream of you,
of you, you my life, you the heart of me —
you, my restlessness. You.

אומרו מײַנע

ווער קען די שײנקײט פֿון אַ ים פֿאַרשטײן?
ווער קען די שײַן פֿון דײַנע אויגן זען?
און ניט צעריסן װערן זאָל זײַן האַרץ פֿאַר פֿרייד.
און ניט צעריסן װערן זאָל זײַן האַרץ פֿאַר לייד,
דו, אומרו מײַנע, דו.

פֿאַר װאָס בענק איך אַזוי נאָך דיר, אָ זאָג,
עס גייט דאָך ניט אַוועק אַ נאַכט, אַ טאָג,
און נאָר איך טראַכט פֿון דיר, און נאָר איך טרוים פֿון דיר —
פֿון דיר, פֿון דיר, דו לעבן מײַנס, דו האַרץ אין מיר,
דו, אומרו מײַנע, דו.

A Good Dream

While the sky above
is so wide and blue
Moyshe-Leyb lazily stretches
himself out on the sand.

Moyshe-Leyb dreams
that someone comes with a rope
and captures and drags him
back to the city.

An angel comes flying in
and spreads his hands
and a fire starts
and the city burns down.

The city becomes blurred
like smoke in a wind;
and Moyshe-Leyb sees himself
flying up there.

Up above he is as secure
as a fish in a river;
he is, after all, an angel
who is among angels.

He begins to sing
and to praise God —
who took pity
and burned down the city.

אַ גוטער חלום

איז דער הימל אויבן
אַזוי בלוי און גרויס,
שטרעקט אין זאַמד אַ מידער
משה־לייב זיך אויס.

חלומט משה־לייבן,
אַז מען קומט מיט שטריק —
און מען כאַפּט און מען שלעפּט אים
אין דער שטאָט צוריק.

קומט צו פֿליִען אַ מלאך
און צעשפּרייט די הענט,
צינדט זיך אָן אַ פֿײַער —
ווערט די שטאָט פֿאַרברענט.

ווערט די שטאָט צעשוווּמען,
ווי אין ווינט אַ רויך;
זעט אויך משה־לייב זיך
פֿליִען אין דער הויך.

איז ער אויבן זיכער
ווי אַ פֿיש אין טײַך;
איז ער דאָך אַ מלאך
מיט מלאָכים גלײַך.

הויבט ער אָן צו זינגען
און צו לויבן גאָט, —
וואָס ר'האָט זיך דערבאַרעמט
און פֿאַרברענט די שטאָט.

Memento Mori

And even if Moyshe-Leyb, the poet, will say
that he saw Death on the waves,
as clear as seeing himself in the mirror,
and that is exactly what happened in the morning, around ten —
will anybody believe Moyshe-Leybn?

And even if Moyshe-Leyb had waved to Death
from far off and asked, "How's it going?"
even while thousands
were living it up in the ocean —
will anybody believe Moyshe-Leybn?

And even if Moyshe-Leyb will swear up and down
that he was pulled toward Death
the way a lover in the evening
is pulled to the window of an adored woman —
will anybody believe Moyshe-Leybn?

And even if Moyshe-Leyb will paint Death for them,
not gray, not dark, but drenched in color, beautiful,
exactly as he appeared sometime around ten,
there, alone, in the distance between sky and ocean —
will anybody believe Moyshe-Leybn?

Memento Mori

און אַז משה־לייב, דער פּאָעט, וועט דערציילן,
אַז ער האָט דעם טויט אויף די כוואַליעס געזען,
אַזוי ווי מען זעט זיך אַליין אין אַ שפּיגל,
און דאָס אין דער פֿרי גאָר, אַזוי אַרום צען —
צי וועט מען דאָס גלייבן משה־לייבן?

און אַז משה־לייב האָט דעם טויט פֿון דער ווײַטן
באַגריסט מיט אַ האַנט און געפֿרעגט ווי עס גייט?
און דווקא בעת ס'האָבן מענטשן פֿיל טויזנט
אין וואַסער זיך ווילד מיט דעם לעבן געפֿרייט —
צי וועט מען דאָס גלייבן משה־לייבן?

און אַז משה־לייב וועט מיט טרערן זיך שווערן,
אַז ס'האָט צו דעם טויט אים געצויגן אַזוי,
אַזוי ווי עס ציט אַ פֿאַרבענקטן אין אָוונט
צום פֿענצטער פֿון זײַנס אַ פֿאַרהייליקטער פֿרוי —
צי וועט מען דאָס גלייבן משה־לייבן?

און אַז משה־לייב וועט דעם טויט פֿאַר זיי מאָלן
ניט גרוי און ניט פֿינצטער, נאָר פֿאַרבנרײַך שיין,
אַזוי ווי ער האָט אַרום צען זיך באַוויזן
דאָרט ווײַט צווישן הימל און כוואַליעס אַליין —
צי וועט מען דאָס גלייבן משה־לייבן?

A Strange Thought

A strange thought: I look at my pen
and look at my hand, how it writes,
and it seems I have died, this very night.

Dead, right here, where the goy's wife lives,
and that's it — the poem alone survives me,
a pen and a poem on a piece of paper.

The poem was perhaps not completely finished.
Where is it? It lies on the doorsteps to the house,
blown there through the window by the wind.

And tomorrow — maybe you will come
and your shoes will tread on my poem,
and you will wait for me to greet you from the window.

And you will become angry and maybe even curse,
and leave me a little note on the door
that you won't be coming to see me anymore.

אַ מאָדנע מחשבֿה

אַ מאָדנע מחשבֿה: איך קוק אויף דער פּען
און קוק אויף מײַן האַנט, ווי זי שרײַבט, און מיר דאַכט,
אַז איך בין געשטאָרבן אין הײַנטיקער נאַכט.

געשטאָרבן אָט־דאָ בײַ דער גויע אין הויז,
און מער ניט — די פּען איז געבליבן פֿון מיר,
אַ פּען און אַ ליד אויף אַ שטיקל פּאַפּיר.

דאָס ליד איז פֿילײַכט נישט דערענדיקט געווען,
ווּ איז עס? עס ליגט אויף דער שוועל פֿאַרן הויז,
עס איז מיטן ווינט דורכן פֿענצטער אַרויס.

און מאָרגן — קען זײַן, דו וועסט קומען צו גיין
און טרעטן וועסטו אויף מײַן ליד מיט דײַן פֿוס,
און וואַרטן פֿון פֿענצטער זאָל קומען מײַן גרוס.

און בייז ווערן וועסטו און שילטן פֿילײַכט,
און לאָזן מיר וועסטו אַ צעטל אין טיר,
אַז דו וועסט שוין קיין מאָל ניט קומען צו מיר.

In You —

In you — the joy of the child, dancing in summer rain,
in you — the gold of autumn, burning on every road,
and all the beautiful women adorn themselves in you,
all adorning themselves for my sake —
therefore my sinful heart cries in me
and draws me to that child, dancing in summer rain,
and to that gold of autumn, burning on every road,
and to those beautiful women as well,
the ones who adorn themselves for my sake.

אין דיר —

אין דיר — די פֿרייד פֿון קינד, וואָס טאַנצט אין זומער־רעגן,
אין דיר — דאָס גאָלד פֿון האַרבסט, וואָס ברענט אויף אַלע וועגן
און אַלע שיינע פֿרויען צירן זיך אין דיר,
און אַלע צירן זיך פֿון מײַנעט וועגן, —
דעריבער שרייַט אַזוי מײַן זינדיק האַרץ אין מיר
און ציט מיך צו דעם קינד, וואָס טאַנצט אין זומער־רעגן
און צו דעם גאָלד פֿון האַרבסט, וואָס ברענט אויף אַלע וועגן,
און צו די שיינע פֿרויען אויך
וואָס צירן זיך פֿון מײַנעט וועגן.

You My Wild One, You

You, not destined to find rest,
you my wild one, you.
You are not a wife who trembles in goodness and piety
and at the same time embraces her dear husband
and seeks God's mercy
that He send her a son —
you, not destined to find rest,
you my wild one, you.
A flintstone, that's what you are,
a signal-flare that emerges from the ocean
in the middle of the night
and drives out the villagers
from their beds and houses along the shore.
You are the terror
surrounding a ship burning in the midst of the distant ocean.
You alone the flame
that flares up the sky for miles;
you the ocean that rages
and heaves the bright red light
to the rhythm of the ship in its death-dance
as it braids a wild fire-wreath
around the head of death —
you, not destined to find rest,
you my wild one, you.

דו ווילדע מייַנע, דו

פֿאַר דיר איז ניט באַשערט קיין רו,
דו ווילדע מייַנע, דו.
ביסט ניט קיין ווייַב, וואָס ציטערט גוט און פֿרום
און נעמט דאַבייַ איר ליבן מאַן אַרום
און בעט בייַ גאָט ער זאָל זייַן חסד טאָן
און שענקען איר אַ זון — — —
פֿאַר דיר איז ניט באַשערט קיין רו,
דו ווילדע מייַנע, דו.
אַ פֿייַערשטיין ביסטו,
אַ ליכטסיגנאַל, וואָס קומט פֿון ים אַרויס
און טרייַבט פֿון בעט אין הויז
אין מיטן נאַכט —
אַ גאַנצע שטאָט בייַם ברעג.
דו ביסט די שרעק
אַרום אַ שיף וואָס ברענט אין מיטן ווייַטן ים.
דו ביסט אַליין דער פֿלאַם,
וואָס צינדט דעם הימל אָן אויף מייַלן ווייַט;
דו ביסט דער ים, וואָס שרייַט
און וואַרפֿט זיך ליכטיק רויט
צום ריטעם פֿון דער שיף, וואָס טאַנצט איר טויטנטאַנץ,
און פֿלעכט אין מיטן טאַנץ אַ ווילדן פֿייַערקראַנץ
אַרום דעם קאָפּ פֿון טויט — — —
פֿאַר דיר איז ניט באַשערט קיין רו,
דו ווילדע מייַנע, דו.

Isaac Leybush Peretz

And you are dead. And even before the earth has covered you
the news like a runaway horse sends the young and the old
stampeding over a thousand streets to offer up coins
for the newspaper that with telegraph-speed and pushcart-cry
reveals to us your heart doesn't beat anymore,
your gray head decked out in a black frame, like a full-page ad.
And we the masses, expected to be duly silent and deeply bowed,
we gather around your spirit the way bargirls at night
crowd around a sugar daddy, our tears like round and smooth pearls,
like large coins, and we who still have speech beat out a rhythmic outcry
the way a shoemaker's apprentice bangs a thick nail into the heel of an old
    shoe.
And every bang is full of filth and the smell of sweat,
like black flesh and everything is up for sale — to hell with it all!
Everything can be bought and sold, everything up for grabs —
Torahs as well as pig bristles, people and the devil's dung,
the only wonder, we haven't figured out yet how to wangle away Death's
murder-kit and turn it into *shnaps* and loose change.
We're still the flesh and blood of that great hero who
procured the rights of the firstborn with a mere bowl of lentil stew
and one of us even sold a god in his great glory, so called, for thirty shekels;
and if that's really the case then why shouldn't we also
today make a deal out of you, dust of our great pride?
What have you really meant to us? — you like the embers
burning at night in the steppes amid a camp of Gypsies;
you, a ship's sail that shivers in the ocean's wind;
you, a last tree from an enchanted wandering forest;
you, lightning that splits thousand-year-old oaks from their roots.
And now? What are you?

יצחק לייבוש פּרץ

און דו ביסט טויט. און נאָך האָט דיך נישט צוגעדעקט די ערד
און איבער טויזנט גאַסן ווײַט ווי אַ גאַלאָפּ פֿון פֿערד
צעטראָגט זיך דאָס געלויף פֿון יונג און אַלט וואָס אײַלן זיך
און באָטן אָן צום קויף דאָס בלאַט ווו טעלעגראַפֿיש גיך
אַנטפּלעקט מען אונדז מיט מאַרקגעשריי, אַז ס'קלאַפּט ניט מער דײַן האַרץ,
און ווי אַ גרויסער פּוצרעקלאַם איז אײַנגעפֿאַסט אין שוואַרץ
דײַן גרויער קאָפּ. און מיר, די גרויסע לײַט, וואָס דאַרפֿן שטום
און טיף געבויגן זײַן — מיר רינגלען שוין דײַן גײַסט אַרום,
ווי מוידן אין אַ שענק בײַ נאַכט אַ שיכּורן מאַגנאַט
און טרערן האָבן מיר און רייד, ווי פּערל רונד און גלאַט,
ווי רענדלעך גרויס און ווער פֿון אונדז עס האָט אין מויל אַ צונג
קלאַפּט אויס אַ ריטמיש וויגעזאַנג ווי ס'קלאַפּט אַ שוסטעריונג
אַ גראָבן טשוואָק אַרײַן אין קנאַפֿל פֿון אַן אַלטן שוך.
און יעדער קלאַנג איז פֿול מיט קויטיקייט און שווייס־גערוך,
ווי נעגערפֿלייש און אַלץ איז סחורה בלויז — צום שוואַרצן יאָר! —
מיר האַנדלען דאָך מיט אַלץ, מיט אַלץ מיט וואָס עס לאָזט זיך נאָר —
מיט תּורות ווי מיט חזיר־האָר, מיט מענטש און טײַוולס־קויט
אין ווונדער נאָר פֿאַר וואָס מיר האָבן נאָך ביז הײַנט, בײַם טויט,
ניט אויסגענאַרט זײַן מאָרדגעצײַג פֿאַר שנאַפּס און קופּערגעלט.
מיר זענען דאָך דאָס פֿלייש און בלוט פֿון יענעם גרויסן העלד,
וואָס האָט אַן ערשטגעבורט געקויפֿט פֿאַר איין טאָפּ לינזן בלויז
און האָט דאָך איינער אויך פֿון אונדז, אַ גאָט אין גאַנצער גרויס —
מישטיינס געזאָגט — פֿאַרקויפֿט דער וועלט פֿאַר דרײַסיק שקלים לוין;
און אויב דאָס אַלץ איז וואָר — פֿאַר וואָס זשע זאָל מיר ניט שוין
אויך האַנדלען הײַנט מיט דיר, דו שטויב פֿון אונדזער העכסטן שטאָלץ,
וואָס ביסטו דען געווען פֿאַר אונדז? — אַ לעצטע גלאָווניע האָלץ,
וואָס ברענט אין סטעפּ בײַ נאַכט אין רינג פֿון אַ ציגײַנער־שטאַם;
אַ זעגל פֿון אַ שיף, וואָס ראַנגלט זיך מיט ווינט און ים,
אַ לעצטער בוים פֿון אַ פֿאַרכּישופֿט וואָגלענדיקן וואַלד,
אַוווּ דער בליץ האָט דעמבעס ריזן טויזנטיאָריק אַלט,
פֿון זיי'רע וואָרצלען אָפּגעהאַקט. און איצט? וואָס ביסטו איצט? —

A man in the cold earth — motionless, dumb, as if carved out
of a marble quarry in the glare of a death-light — a beginning-end —
a picture — a mere moment's vision from that one long sleep
that takes away from us the day, the night, a little bit of life,
the beauty of the whole world. Is that your eternal rest?
Is that the dream of eternity on our dark way?
Why else do people bow down before the pure death-thought
and cry painfully, like a child all alone in the dark night?
Who runs the world? Who commands the spring to bloom and to fade?
Who drives the autumn wind through the wasteland and the woodland?
Why must the crow pluck the eye of the eagle
when the eagle flies no more, when the eagle falls? Why?
What compels the hand to stretch without fear toward the dead lion?
Doesn't the soul in that flayed body cry out — that noble soul's dead body?
Forgive me for asking such questions. Excuse me. Forgive.
I can't help myself. I also love life. I also have eyes, open and blind.
After all I am also just the child of a failed shoe salesman.
And just as a stretch of parched earth longs for a rainfall,
I long for your light to cleanse me.
And just as the poor man's hand trembles toward a piece of bread
I yearn for your spirit to see what has turned away
so I can clearly see the night in you, the death in you,
the desolation that without you is even more desolate in me.
Blessed is the one for whom there is an afterlife.
For him there is consolation. For me there is nothing, nothing.
For me a death-light will still be lost in smoke,
for me a gravestone will still be sinking into the earth.
And beyond I will see the mystery, the death
and glare of the scythe that becomes so fiery red,
so fiery red,
so golden,
so bloodred.

אַ מענטש אויף קאַלטער ערד, באַוועגלאָז שטום, ווי אויסגעשניצט
פֿון מאַרמאָר־שטיין אין שײַן פֿון טויטנליכט. אַן אָנהייב־סוף;
אַ בילד — אַ רגע זעונג בלויז פֿון יענעם לאַנגן שלאָף,
וואָס נעמט בײַ אונדז דעם טאָג, די נאַכט, דעם ביסל לעבן צו
מיט גאָר דער שיינקייט פֿון דער גאַנצער וועלט. איז דאָס די רו?
איז דאָס דער טרוים פֿון אייביקייט אויף אונדזער טונקלען גאַנג?
פֿאַר וואָס זשע בויגט דער מענטש זיך טיף בײַם בלויז טויטגעדאַנק
און וויינט פֿאַרווייטיקט, ווי אַ קינד, אין טונקלער נאַכט אַליין?
ווער פֿירט די וועלט? ווער הייסט דעם פֿרילינג אויפֿבליִען און פֿאַרגיין?
ווער טרײַבט אין טעג פֿון האַרבסט דעם ווינט דורך וויסטעניש און וואַלד?
און ווען דער אָדלער פֿליט ניט מער און ווען דער אָדלער פֿאַלט, —
פֿאַר וואָס מוז זײַן די ראָב וואָס רײַסט די אויגן אים אַרויס?
פֿאַר וואָס? פֿאַר וואָס מוז זײַן די האַנט וואָס שטרעקט, אָן שרעק, זיך אויס
צום טויטן לייב? צי וויינט דען ניט אין אָפּגעשונדן פֿעל
די זעל פֿון אים — פֿון טויטן לייב די קעניגלעכע זעל?
פֿאַרגיב פֿאַר וואָס איך פֿרעג אַזוי. זײַ מוחל מיר. פֿאַרגיב.
ווי קען איך אַנדערש דען? איך האָב דאָך אויך דאָס לעבן ליב
און אויגן האָב איך אויך, און אָפּענע, און איך בין בלינד.
נאָך אַלעמען בין איך דאָך אויך אַ פּראָסטן קרעמערס קינד.
און ווי עס בענקט נאָך רעגנגאַנג אַ שטיק פֿאַרטריקנטע ערד,
האָב איך זיך אין דײַן ליכטיקייט צו לײַטערן באַגערט.
און ווי עס ציטערן נאָך ברויט בײַם אָרעמאַן די הענט,
באַגער איך איצט דײַן גײַסט צו זען וואָס האָט זיך אָפּגעווענדט
און וואָס איך זע איז בלויז די נאַכט אין דיר, דעם טויט אין דיר,
די וויסטעניש, וואָס וועט אָן דיר נאָך וויסטער זײַן אין מיר.
געבענטשט איז דער פֿאַר וועמען ס'איז אַ יענע וועלט נאָך דאָ.
פֿאַר אים איז דאָ אַ טרייסט. פֿאַר מיר איז גאָרנישט, גאָרנישטאָ.
פֿאַר מיר וועט נאָך אַ טויטנליכט פֿאַרלירן זיך אין רויך,
פֿאַר מיר וועט נאָך אַ קבֿר־שטיין אין דר'ערד פֿאַרזינקען אויך.
און ווײַטער וועל איך זען פֿאַר זיך דאָס רעטעניש — דעם טויט
און בלאַנקען וועט זײַן סערפּ פֿאַר מיר אַזוי ווי פֿײַער רויט,
אַזוי ווי פֿײַער רויט,
אַזוי ווי גאָלד,
אַזוי ווי בלוט.

My Restlessness from a Wolf

My restlessness from a wolf, my rest from a bear,
wildness screams in me, boredom pays attention.
I am not what I think, I am not what I want,
I am the magician and the magic trick.
I am a riddle that puzzles itself,
as agile as the wind, bound to a stone.
I am the summer-sun, I am the winter-cold,
I am the rich dandy who flings gold coins around.
I am the young man who saunters, his hat rakish,
and who steals from himself by whistling away the time.
I am the fiddle and also the drum and the bass
of an old klezmer trio that plays on the street.
I am the childhood-dance and in the moonlight
I am the fool who longs for the sky-blue land.
And when I pass a house that has collapsed
I am also the emptiness that looks out from it.
Now am I the dread outside of my door,
the open ditch that waits in the field for me.
Now am I a light, a *yortsayt* candle that burns all day,
an old, futile picture that hangs on gray, dusty walls.
Now am I the heart — the sadness in a look
that longed for me a hundred years ago.
Now am I the night that tells me to be tired,
the heavy night fog, the quiet evening song.
Now am I the star over me, up there above,
the whisper of a tree, a ringing of a bell, smoke . . .

מײַן אומרו פֿון אַ וואָלף

מײַן אומרו פֿון אַ וואָלף און פֿון אַ בער מײַן רו,
די ווילדקייט שרײַט אין מיר, די לאַנגווײַל הערט זיך צו.
איך בין ניט וואָס איך טראַכט, איך בין ניט וואָס איך וויל,
איך בין דער צויבערער און בין דאָס צויבערשפּיל.
איך בין אַ רעטעניש וואָס מאַטערט זיך אַליין,
אַ פֿלינקער ווי דער ווינט, געבונדן צו אַ שטיין.
איך בין די זומערזון, איך בין די ווינטערקעלט,
איך בין דער רײַכער פֿראַנט וואָס וואַרפֿט מיט גאָלדן געלט.
איך בין דער יונג וואָס שפּאַנט, דאָס היטל אויף אַ זײַט,
און גנבֿעט פֿײַפֿנדיק בײַ זיך אַליין די צײַט.
איך בין דער פֿידל אויך דאָס פּײַקל און דער באַס
פֿון אַלטע קלעזמער דרײַ וואָס שפּילן אויפֿן גאַס.
איך בין דער קינדערטאַנץ, און בײַם לבֿנה־שײַן
בין איך דער נאַר וואָס בענקט אין בלויען לאַנד אַרײַן.
און אַז איך גיי פֿאַרבײַ אַן אײַנגעפֿאַלן הויז,
בין איך די פּוסטקייט אויך וואָס קוקט פֿון דאָרט אַרויס.
אַצינד בין איך די שרעק אין דרויסן פֿאַר מײַן טיר,
די גרוב די אָפֿענע וואָס וואַרט אין פֿעלד אויף מיר.
אַצינד בין איך אַ ליכט, אַ יאָרצײַטליכט וואָס ברענט,
אַן איבעריק בילד, אַן אַלטס, אויף גרוי־פֿאַרשטויבטע ווענט.
אַצינד בין איך דאָס האַרץ — דער אומעט אין אַ בליק
וואָס האָט געבענקט נאָך מיר מיט הונדערט יאָר צוריק.
אַצינד בין איך די נאַכט וואָס הייסט מיך ווערן מיד,
דער שווערער נאַכטטומאַן, דאָס שטילע אָוונטליד.
דער שטערן איבער מיר דאָרט אויבן אין דער הויך,
דאָס רוישן פֿון אַ בוים, אַ גלאָקנקלאַנג, אַ רויך. —

Just Because

Moyshe-Leyb suddenly sat upright,
pondering the world in the night.
He hears someone whispering there,
his own thoughts whispering into his ear —
"everything is straight and everything is bent
and the world spins 'round everything in any event."
Moyshe-Leyb picks with his nails at straws
and smiles.
Why?
Just because.

Picking at straws in bed
a thought comes into his head.
He hears someone whispering there,
his own thoughts whispering into his ear —
"nothing is straight and nothing is bent,
and the world spins 'round nothing in any event."
Moyshe-Leyb picks with his nails at straws
and smiles.
Why?
Just because.

גלאַט אַזוי

האָט משה־לייב זיך אַנידערגעשטעלט
אין מיטן דער נאַכט, צו דערטראַכטן די וועלט.
הערט ער צום אייגענעם טראַכטן זיך איַין —
שעפּטשעט אים עמעץ אין אויער אַריַין,
אַז אַלצדינג איז גליַיך און אַז אַלצדינג איז קרום
און ס'דרייט זיך די וועלט אַרום אַלצדינג אַרום.
צופּט משה־לייב מיט די נעגל אַ שטרוי
און שמייכלט.
— פֿאַר וואָס?
גלאַט אַזוי.

צופּט ער אַזוי זיך די שטרוי אין דער נאַכט,
טוט זיך אים נאָך אַ מאָל עפּעס אַ טראַכט.
טראַכט זיך אים — הערט ער זיך נאָך אַ מאָל איַין —
שעפּטשעט אים עמעץ אין אויער אַריַין,
אַז גאָרנישט איז גליַיך און אַז גאָרנישט איז קרום
און ס'דרייט זיך די וועלט אַרום גאָרנישט אַרום.
צופּט משה־לייב מיט די נעגל די שטרוי
און שמייכלט.
— פֿאַר וואָס?
גלאַט אַזוי.

Who Cries

Who cries so? Who sings so? Would have even in such
a night brought a wandering sign of need from somewhere.
Would have even brought such a distant fire-gleam glowing here.
Your own rhythm is heavy — as heavy as a mill wheel
in such a night. Your own singing is cold and gray —
is cold and gray, like an abandoned, alien woman,
who sits wrapped in fog, her head cupped in both of her hands,
her eyes, already red from crying, turned toward the ocean.
Your singing — that is the eternally blind fright,
that steals your rest from you and robs you of your sleep
and carries it like a cloud, somewhere around in the night.
That is the voice of one accursed, who mourns mutely
in your blood. That is your blood that mourns out from you,
the burden of the wasteland that spreads inside of you.
That is the enigma of yourself — that you will never
ever be able to save yourself from: that gray pain.

ווער וויינט

ווער וויינט אַזוי? ווער זינגט אַזוי? וואָלט כאָטש אין אַזאַ נאַכט
אַ בלאָנדזשענדיקער נויטסיגנאַל פֿון ערגעץ זיך געבראַכט.
וואָלט כאָטש אַ ווײַטער פֿײַערשײַן אַ בלאַנק געטאָן אַהער.
דאָס אייגענע געזאַנג איז שווער — איז ווי אַ מילראָד שווער
אין אַזאַ נאַכט. דאָס אייגענע געזאַנג איז קאַלט און גרוי —
איז קאַלט און גרוי, ווי אַ פֿאַרוואָרלאָזטע און פֿרעמדע פֿרוי,
וואָס זיצט אין נעפּל אײַנגעהילט, דעם קאָפּ אויף ביידע הענט,
מיט אויגן, שוין פֿון וויינען רויט, צום ים אַרויס געווענדט.
דאָס אייגענע געזאַנג — דאָס איז די אייביק בלינדע שרעק,
וואָס רויבט דײַן רו בײַ דיר און נעמט בײַ דיר דײַן שלאָף אַוועק
און טראָגט אים, ווי אַ וואָלקן, ערגעץ אין דער נאַכט אַרום.
דאָס איז דאָס קול פֿון אַ פֿאַרשאָלטענעם, וואָס קלאָגט זיך שטום
אין בלוט בײַ דיר. דאָס איז דײַן בלוט, וואָס קלאָגט פֿון זיך אַרויס
די שווערקייט פֿון דער וויסטעניש, וואָס שפּרייט אין דיר זיך אויס.
דאָס איז דאָס רעטעניש פֿון זיך אַליין — די גרויע פּײַן,
וואָס דו וועסט קיין מאָל, קיין מאָל שוין פֿון איר דערלייזט ניט זײַן.

The Last Poem

When people stopped believing in God
love also disappeared —
people threw themselves into the river,
people hanged themselves in the forest.

The sky turned away from the river,
the bird grew quiet in the forest,
the shepherd's flute and plough
lay abandoned in the field.

The earth has become a desert,
all roads have lost their ways —
the prophet sat upon a stone
until he himself turned to stone.

דאָס לעצטע ליד

האָט מען אויפֿגעהערט אין גאָט צו גלויבן,
איז די ליבע אויך אַוועקגעגאַנגען —
האָבן מענטשן זיך אין טײַך געוואָרפֿן,
האָבן מענטשן זיך אין וואַלד געהאַנגען.

האָט זיך אָפּגעטאָן פֿון טײַך דער הימל,
האָט אין וואַלד דער פֿויגל שטיל געשוויגן,
זענען פּאַסטעכפֿלייט און אַקער־אײַזן
אויפֿן פֿעלד געבליבן הפֿקר ליגן.

איז געוואָרן פֿון דער ערד אַ מידבר,
האָבן אַלע וועגן זיך פֿאַרלאָרן —
איז דער נבֿיא אויף אַ שטיין געזעסן,
ביז ער איז אַליין אַ שטיין געוואָרן.

Who Is?

Who is, who is the rider there,
who rides and rides and doesn't budge?
Be calm, my blood, be calm, don't cry,
the rider there, that's me myself . . . I.

At the stroke of midnight in the middle
of the world, who has blocked his way?
Be calm, my blood, be calm, don't cry,
the rider there, that's me myself . . . I.

And since it is dark everywhere
why doesn't the rider turn around?
Be calm, my blood, be calm, don't cry,
the rider there, that's me myself . . . I.

ווער איז?

ווער איז, ווער איז דער רײַטער דאָרט,
וואָס רײַט און רירט זיך ניט פֿון אָרט?
זײַ שטיל, מײַן בלוט, זײַ שטיל, ניט וויין,
דער רײַטער דאָרט בין איך אַליין.

אין האַלבער נאַכט אין מיטן וועלט,
ווער האָט פֿאַר אים דעם וועג פֿאַרשטעלט?
זײַ שטיל, מײַן בלוט, זײַ שטיל, ניט וויין,
דער רײַטער דאָרט בין איך אַליין.

און אַז ס'איז פֿינצטער אומעטום,
וואָס קערט דער רײַטער זיך ניט אום?
זײַ שטיל, מײַן בלוט, זײַ שטיל, ניט וויין,
דער רײַטער דאָרט בין איך אַליין.

[Why Don't You ... ?]

"Why don't you remove your hand from my heart?"
"No, brother, that's not my hand on your heart.
These are gifts that I have in my hands
And brought to you from faraway lands."

"Why don't you remove the snake from my heart?"
"No, brother, that's not a snake on your heart.
It's what lies near you and a naked wife,
Body to body, the ruler of life."

"Why don't you remove the stone from my heart?"
"No, brother, that's not a stone on your heart.
There sits in a corner, the demon of need,
Her foot on the head of death's dark deed."

"Why don't you remove that spider from my heart?"
"No, brother, that's not a spider on your heart.
That's now the beginning of madness in you —
That's afraid of nothing and of me too."

— וואָס נעמסטו דײַן האַנט ניט אַראָפּ פֿון מײַן האַרץ?
— ניין, ברודער, דאָס איז ניט מײַן האַנט אויף דײַן האַרץ.
דאָס זענען מתּנות, וואָס איך האָב מיט מיר,
געבראַכט פֿון די ווײַטעסטע לענדער פֿאַר דיר.

— וואָס נעמסטו די שלאַנג ניט אַראָפּ פֿון מײַן האַרץ?
— ניין, ברודער, דאָס איז ניט קיין שלאַנג אויף דײַן האַרץ.
דאָס ליגט לעבן דיר מיט אַ נאַקעטן ווײַב
דער האַר פֿונעם לעבן אַ לײַב צו אַ לײַב.

— וואָס נעמסטו דעם שטיין ניט אַראָפּ פֿון מײַן האַרץ?
— ניין ברודער, דאָס איז ניט קיין שטיין אויף דײַן האַרץ.
דאָס זיצט אין אַ ווינקל די קליפּה, די נויט,
איר פֿוס אויפֿן קאָפּ פֿונעם פֿינצטערן טויט.

— וואָס נעמסטו די שפּין ניט אַראָפּ פֿון מײַן האַרץ?
— ניין ברודער, דאָס איז ניט קיין שפּין אויף דײַן האַרץ.
דאָס איז שוין דער אָנהויב פֿון וואַנזין אין דיר,
וואָס שרעקט זיך פֿאַר גאָרנישט אַזוי ווי פֿאַר מיר.

[Brother]

Brother, as long as you can pay,
take the carriage the whole way —
Aye-loo-loo, loo-loo.
But, brother, if you cannot pay,
you'll walk on stones the whole way —
close your eyes, close the two.
Aye-loo-loo, loo-loo.

Like a dog, homeless and poor,
you'll be driven from every door —
Aye-loo-loo, loo-loo.
No matter where you spend a day,
by night you'll be driven away —
close your eyes, close the two.
Aye-loo-loo, loo-loo.

And when you sit on a stone
you'll beat your heart all alone —
Aye-loo-loo, loo-loo.
Mother Rachel will shed tears
over your destined dark years —
close your eyes, close the two.
Aye-loo-loo, loo-loo.

The messiah won't come anymore
and to hear the cries of what you endure —
Aye-loo-loo, loo-loo.
He'll throw off his chains all alone
and then beat his head on a stone —
close your eyes, close the two.
Aye-loo-loo, loo-loo.

אַז דו וועסט באַצאָלן, ברודער,
וועסטו אין קאַליאַסן פֿאָרן —
אײַ־ליו־ליו, ליו־ליו.
וועסטו נישט באַצאָלן, ברודער,
וועסטו גיין אויף שטיין און דאָרן —
מאַך זשע שוין די אייגלעך צו.
אײַ־ליו־ליו, ליו־ליו.

ווי אַ הונט אַ פֿרעמדן וועט מען
דיך פֿון אַלע טירן טרײַבן —
אײַ־ליו־ליו, ליו־ליו.
ווּ דו וועסט אַ טאָג פֿאַרברענגען,
וועסטו נעכטיקן נישט בלײַבן —
מאַך זשע שוין די אייגלעך צו.
אײַ־ליו־ליו, ליו־ליו.

וועסט אויף אַ שטיין זיך זעצן,
שלאָגן זיך אַליין אין האַרצן —
אײַ־ליו־ליו, ליו־ליו.
וועט די מאַמע רחל וויינען
אויף דײַן גורל אויף דעם שוואַרצן —
מאַך זשע שוין די אייגלעך צו.
אײַ־ליו־ליו, ליו־ליו.

וועט משיח מער ניט קאָנען
איר געוויין אַריבערטראָגן —
אײַ־ליו־ליו, ליו־ליו.
וועט ער זיך פֿון קייטן רײַסן
און דעם קאָפּ אָן שטיין זיך שלאָגן —
מאַך זשע שוין די אייגלעך צו.
אײַ־ליו־ליו, ליו־ליו.

from *The Golden Peacock* (1924)

The Bird

So, a bird shows up, a crutch under a wing,
and asks why I lock the door with a bolt.
I tell him that there are thieves
out there lurking behind the door
who will snatch the piece of cheese
that I am hiding under my ass.

The bird cries through the keyhole
and tells me he is my brother Mikey,
and then tells me that I have no idea
how much he had suffered on the ship
that brought him over here.
He came over on the smokestack, he says.

As I begin to see what the bird is up to
I make him stay on the other side of the door.
Meanwhile, considering things,
I keep an eye on what's going on
and I make sure to squeeze even tighter
the piece of cheese I am holding in my ass.

Like my brother Mikey, the bird turns
a wing into a cap's peak over his eyes
and he screams through the keyhole
that he should only be so lucky to have
a piece of cheese like the one I got
and he'd crack my head open to get it.

So I see what's up — this is no party —
and I approach the door slowly
with my chair and my piece of cheese
that I make sure is still there under my ass,
and I don't, God forbid, scream out,
but ask him, just like this, if it's cold out there.

He answers me that both of his ears
are really getting cold
and he swears with a great moan
that while he was sleeping out there all alone
he ate a foot — that's the one he lost —
and when I'd let him in he'd tell me the rest.

דער פֿויגל

קומט צו גיין אַ פֿויגל מיט אַ קוליע אונטערן פֿליגל
און פֿרעגט פֿאַר וואָס איך האַלט די טיר אויפֿן ריגל.
ענטפֿער איך אים, אַז פֿאַרן טויער
שטייען גזלנים אויף דער לויער,
וואָס ווילן אויסכאַפּן דאָס שטיקל קעז,
וואָס איך האַלט באַהאַלטן אונטער מײַן געזעס.

וויינט דער פֿויגל דורכן שליסל־לעכל
און דערציילט מיר, אַז ער איז מײַן ברודער מעכל,
און זאָגט, אַז איך האָב נישט קיין באַגריף
ווי ער האָט געליטן אויף דער שיף,
וואָס האָט אים אַריבערגעבראַכט אַהער.
אויפֿן קוימען — זאָגט ער — געקומען איז ער.

זע איך דאָך שוין, וואָס דער פֿויגל איז אויסן,
לאָז איך אים טאַקע שטיין אין דרויסן.
דערווײַל אָבער, ווי עס מאַכט זיך אַ זאַך,
באַשליס איך בײַ זיך צו זײַן אויף דער וואַך,
און איך שטופּ אַרונטער מײַן שטיקל קעז
נאָך טיפֿער אונטער מײַן געזעס.

מאַכט דער פֿויגל, ווי מײַן ברודער מעכל,
מיט אַ פֿליגל איבער די אויגן אַ דעכל
און ער שרײַט דורכן שליסל־לעכל אַרײַן,
אַז אַזוי זאָל דאָס מזל אים ליכטיק זײַן,
ווי ער האָט געזען דאָס שטיק קעז, וואָס איך האָב,
און אַז ער וועט דערפֿאַר מיר שפּאַלטן דעם קאָפּ.

זע איך דאָך שוין, אַז סע ווערט נישט פֿריילעך,
רוק איך זיך צו צום טיר פּאַמעלעך
מיט מײַן בענקל און מיטן קעז,
וואָס איך היט אים אונטער מײַן געזעס
און איך מאַך נישט חלילה קיין געוואַלד,
נאָר איך פֿרעג אים גלאַט אַזוי, צי ס'איז קאַלט.

ענטפֿערט ער מיר, אַז ביידע אויערן
זײַנען בײַ אים אָפּגעפֿרוירן,
און ער שווערט מיר דאַבײַ מיט אַ גרויס געוויין,
אַז ער האָט אין שלאָף בײַ זיך אַליין
אויפֿגעגעסן דעם פֿוס, וואָס אים פֿעלט,
און ווען איך לאָז אים אַרײַן וואָלט ער מער דערציילט.

Naturally, I hear the word "ate"
and I get scared. I almost forgot
to check on my piece of cheese
that I squeeze under my ass.
As long as I give it a tap it's still
there and I don't have any more worries.

Then I propose, well, let's see
who's going to lose his patience first:
me, here in my own house,
or he, outside behind my door.
It would be interesting to find out,
even for me — I say.

And that's the way it went.
And it's already seven years since.
I cry out "good morning" to him through the door
and he yells back "good morning to you."
I ask him, "My brother, let me out."
And he asks me, "let me in."

However, since I know what he's up to
I leave him there, standing outside.
He asks me about the piece of cheese
that I squeeze under my ass.
I become frightened, give it a tap. It's still there.
And it doesn't bother me anymore.

The Bird | 59

פֿאַרשטייט זיך, דערהערט דאָס װאָרט: געגעסן, —
האָב איך זיך דערשראָקן. שיִער נישט פֿאַרגעסן
אָפּצוהיטן דאָס שטיקל קעז,
װאָס איך האַלט באַהאַלטן אונטער מײַן געזעס.
נאָר אַבי איך גיב אַ טאַפּ און ס'איז דאָ,
איז דאָך שױן װידער קײן זאָרג נישטאָ.

מאַך איך אַ פֿאָרשלאָג, מיר זאָלן פּרובירן
װער עס װעט די געדולד פֿאַרלירן:
צי איך, אין מײַן אײגן הױז בײַ מיר,
צי ער, אין דרױסן הינטער דער טיר.
ס'איז, דאַכט זיך, טשיקאַװע אַזױנס צו דערגײן,
אַפֿילו — זאָג איך — פֿאַר זיך אַלײן.

און אַזױ איז עס טאַקע זינט דעמאָלט געבליבן.
און הײַנט איז שױן אַװעק אַ יאָר זיבן.
שרײַ איך גוט־מאָרגן צו אים דורכן טיר
שרײַט ער צוריק אַ גוט־יאָר צו מיר.
בעט איך זיך: ברודערקע, לאָז מיר אַרױס, —
זאָגט ער: לאָז מיך אַרײַן אין הױז.

װײס איך דאָך אָבער װאָס ער איז אױסן,
לאָז איך אים װײַטער שטײן אין דרױסן.
פֿרעגט ער מיך װעגן דעם שטיקל קעז,
װאָס איך היט עס אונטער מײַן געזעס.
דערשרעק איך זיך, גיב איך אַ טאַפּ. איז עס דאָ.
איז דאָך שױן װידער קײן זאָרג נישטאָ.

Zlochov, My Home

Oh Zlochov, my home, my town,
With your steeple, shul, and bathhouse.
With your women of the marketplace,
With your little Jews who scurry
Like dogs after the peasant carrying
His basket of eggs from Sasover Mountain —
Like springtime, my life awakens in me
My poor, little yearning for you —
My home, my Zlochov.

While yearning, I also recall
Rappaport the rich man carrying
His prominent belly to shul,
And Hillel's son, Shaye, that pious bigot,
Who would even sell the sunshine
Like a pig in a sack —
That's enough to extinguish in me,
Like a candle, my longing for you —
My home, my Zlochov.

How does the story go about that dandy:
How once at dusk he saw
An endless stream of angels around the sun,
Until a goy, a drunk with an axe,
Gave him such a blow through his vest
That it almost killed him —
That goy with the axe is the hate in me
For my grandfather and for you —
My home, my Zlochov.

Your earth knows I'm not inventing:
When my grandfather called the police
To throw my mother out of the house,
My grandmother stood with her legs apart,
Smiling almost sweetly as honey,
Like a shiksa between two soldiers —
I curse the hate in me,
Reminding me of her and of you —
My home, my Zlochov.

זלאָטשעוו, מײַן היים

אָ זלאָטשעוו, דו, מײַן היים, מײַן שטאָט
מיט דײַן קלויסטערשפּיץ און שול און באָד.
און מיט דײַנע זיצערקעס אויפֿן מאַרק
און מיט דײַנע ייִדלעך וואָס רײַסן זיך אָפּ
ווי הינט אויף דעם פּויער וואָס קומט אַראָפּ
מיט אַ קוישל אייער פֿון סאַסאָווער באַרג —
ווי דאָס לעבן אין פֿרילינג וואַכט אויף אין מיר
מײַן אָרעם ביסל בענקשאַפֿט צו דיר, —
מײַן היים, מײַן זלאָטשעוו.

נאָר אַז איך דערמאָן זיך פֿאַרבענקטערהייט
אָן דעם נגיד ראַפּעפּאָרט, ווי ער גייט
מיט זײַן גראָבן בויך אין שול אַרײַן,
און אָן שײַע הללס, דעם פֿרומאַק,
וואָס וואָלט ווי אַ חזיר אין אַ זאַק
פֿאַרקויפֿט אַפֿילו די זון מיט איר שײַן —
איז דאָס גענוג, עס זאָל אויסגיין אין מיר,
אַזוי ווי אַ ליכט, מײַן בענקשאַפֿט צו דיר, —
מײַן היים, מײַן זלאָטשעוו.

ווי דערציילט זיך די מעשׂה פֿון יענעם פֿראַנט:
ער האָט איין מאָל פֿאַר נאַכט אַזוי לאַנג נאָך אַנאַנד
געזען מלאָכים אַרום דער זון,
ביז סע האָט אים אַ שיכּור, אַ גוי מיט אַ האַק
אַזאַ מין פֿאַרפֿאָר געטאָן אונטערן פֿראַק,
אַז ר'איז נעבעך שיִער נישט געשטאָרבן דערפֿון —
דער גוי מיט דער האַק איז מײַן שׂינאה אין מיר
צו מײַן זיידן, און אים צו ליב אויך צו דיר, —
מײַן היים, מײַן זלאָטשעוו.

דײַן ערד איז אַן עדות, אַז איך טראַכט נישט אויס.
ווען מײַן זיידע האָט מײַן מאַמען פֿון הויז
אַרויסגעשטעלט מיט דער פּאָליצײ,
האָט מײַן באָבע אין דער ברייט מיט די פֿיס
געשמייכלט שיִער אַזוי האָניק זיס,
ווי אַ שיקסע וואָס שטייט צווישן זעלנער צוויי —
אַז פֿאַרשאָלטן זאָל ווערן מײַן שׂינאה אין מיר,
וואָס האָט מיך דערמאָנט אָן איר און אָן דיר, —
מײַן היים, מײַן זלאָטשעוו.

Like a bunch of naked Jews
Surrounding a scalded man in the bathhouse,
Onlookers rocked, and stroked their beards
Around the tossed-out packs,
The rags and tatters in bundles,
And around the broken pieces of a poor bed —
My mother still cries in me,
Just as she did under your sky, in you —
My home, my Zlochov.

Yet marvelous is our world:
Crossing a field with a horse and wagon,
You drag yourself to the train,
Which tears like a demon over fields,
Depositing you into steerage;
You're borne over water to downtown New York —
And that really is my only comfort,
That they won't bury me in you —
My home, my Zlochov.

ווי אַ קופּקעלע נאַקעטע ייִדן אין באָד
אַרום אַ פֿאַרבריטן, האָט מען אין ראָד
געשאָקלט די קעפּ און די בערד זיך געגלעט
אַרום די אַרויסגעוואָרפֿענע פּעק
און שמאַטעס און בעבעכעס אין זעק
און אַרום דעם צעבראָכענעם שטיקל בעט —
מײַן מאַמע וויינט נאָך איצטער אין מיר,
ווי דעמאָלט אונטער דײַן הימל אין דיר, —
מײַן היים, מײַן זלאָטשעוו.

נאָר וווּנדערלעך איז דאָך אונדזער וועלט.
מיט אַ פֿערד און וואָגן איבער אַ פֿעלד
שלעפּט מען זיך אַרויס צו דער באַן,
וואָס פֿליט ווי אַ שד איבער פֿעלדער אַוועק,
ביז זי ברענגט אויף אַ שיף מיט אַ צווישנדעק,
וואָס פֿירט אַריבער קיין ניו־יאָרק דאַונטאַון —
איז דאָס טאַקע די איינציקע טרייסט כאָטש פֿאַר מיר,
וואָס מען וועט מיך נישט באַגראָבן אין דיר, —
מײַן היים, מײַן זלאָטשעוו.

The Tale of the Fly

One golden evening an annoyed demon weeps
while sitting on a vane of a windmill.
A fly has fled from a starving village —
it buzzes around the demon's nose
and doesn't let him take a snooze.

By the idle wheel the miller hears
someone crying outside — but he isn't sure who;
he thinks it's his wife, who comes to ask
why he sits there like a bear and doesn't
grind out bread for their children.

He lets the idle mill wheel turn
and throws himself in as if he were grain.
The sun peeks through a little crack
and thinks the flour turns red from her light —
she shows the demon this miracle.

The demon runs into the village,
spreading news of the miracle of the red bread.
Abramka grasps that this is the work of the demon,
who wants to drive the goyim to death
with this tale about a miracle.

He pushes his way to the front of the crowd
and announces that everybody's tired of such tales.
The demon laughs and appears to point
toward a bird just overhead
and slits Abramka's throat.

The goyim think that this is a joke —
and they laugh, turning to face the sun.
The demon plays tricks on them
just as he did with Abramka,
poor Abramka.

The goyim lie down in the evening gold
like red pieces of bread on the earth.
The crows gather and bless
whatever it was that predestined
this feast for them.

די מעשׂה מיט דער פֿליג

אויפֿן ווינטמיל־פֿליגל אין אָוונטגאָלד
זיצט אַ שד און וויינט פֿאַר פֿאַרדראָס.
פֿון הונג'ריקן דאָרף איז אַנטלאָפֿן אַ פֿליג —
זשומט זי און דרייט זיך אַרום זײַן נאָז,
און לאָזט אים נישט דרימלען.

הערט דער מילנער בײַם ליידיקן ראָד
אַז מע וויינט אין דרויסן — ווייסט ער נישט ווער,
מיינט ער, אַז דאָס איז זײַן ווײַב, וואָס קומט
צו פֿרעגן פֿאַר וואָס ער זיצט, ווי אַ בער,
און מאָלט נישט קיין ברויט פֿאַר די קינדער.

לאָזט ער דאָס ליידיקע מילראָד גיין,
און וואַרפֿט זיך אַליין ווי קאָרן אַרײַן
קוקט די זון דורך אַ שפּאַרע און מיינט
אַז זי מאַכט רויט דאָס מעל מיט איר שײַן —
ווײַזט זי דעם שד דאָס ווונדער.

לויפֿט דער שד אין דאָרף אַרײַן
מיט דעם ווונדער וועגן דעם רויטן ברויט.
דערקענט אַבראַמקאַ אַז דאָס איז אַ שד,
וואָס וויל די גויים פֿאַרמוטשען צום טויט,
מיט אַ מעשׂה וועגן אַ ווונדער.

שטופּט ער זיך פֿונעם רעדל אַפֿיר,
און ער זאָגט אַז מע איז שוין פֿון מעשׂיות מיד,
לאַכט דער שד, און ער ווײַזט אים אָן
כּלומרשט אויף אַ פֿויגל וואָס פֿליט,
און ער שנײַדט אים איבער דעם גאָרגל.

מיינען די גויים אַז דאָס איז אַ שפּאַס —
לאַכן זיי, מיט די קעפּ צו דער זון.
טוט זיי אַלעמען אָפּ דער שד
דאָס אייגענע, וואָס ער האָט אָפּגעטאָן
דעם אָרעמען אַבראַמקאַ.

ליגן די גויים אין אָוונטגאָלד,
ווי רויטע שטיקער ברויט אויף דער ערד.
נעמען זיך די ראָבן צונויף,
און זיי בענטשן דעם, וואָס האָט באַשערט
פֿאַר זיי אַזאַ גרויסע סעודה.

The demon runs back to the windmill
and like a monkey dances and jumps around
from vane to vane, in the evening gold,
and crows like a rooster, and whistles and sings
like the foolish toiling wind.

לויפֿט דער שד צו דער ווינטמיל צוריק,
און ווי אַ מאַלפּע טאַנצט ער און שפּרינגט
פֿון פֿליגל צו פֿליגל, אין אָוונטגאָלד,
און ער קרייט ווי אַ האָן, און ער פֿײַפֿט און זינגט
ווי דער נאַרישער ווינט וואָס האָרעוועט.

Considering the Bleakness

Considering the bleakness
and the hoarse animal roar,
you would think it a desert
where a sick, old lion
crawls around a rock,
looking for a place
to lie down and die.
In truth, it was a vacant city
where a madman, on all fours,
was crawling around,
circling a collapsed house,
dragging from behind
a skull on a rope
tied to his belt.

לויט דער וויסטעניש

לויט דער וויסטעניש
און לויט דעם הייזעריקן חייִשן געברום
האָט זיך געדאַכט, אַז ס'איז אַ מידבר דאָרט
און אַז עס קריכט אַן אַלטער לייב
אַרום אַ פֿעלדז אַרום, ווײַל ער איז קראַנק
און ווײַל ער זוכט אַן אָרט
צו קענען זיך אַנידערלייגן שטאַרבן.
נאָר אין דער אמתן איז דאָס געווען אַ פּוסטע שטאָט
מיט אַ משוגענעם, וואָס איז אויף הענט און פֿיס
אַרומגעקראָכן אין אַ ראָד
אַרום אַ הויז אַן אײַנגעפֿאַלענעם.
און דאָס, וואָס האָט זיך נאָכגעשלעפּט פֿון הינטער אים,
איז בלויז געווען אַ שאַרבן אויף אַ שטריק
צום גאַרטל זײַנעם הינטן צוגעבונדן.

In the Light of the Lamp

Thoughts crying in me — I hear them —
like bloody fingers on an old fiddle —
whose bloody fingers are those that are crying?
Some sort of little Jew, somebody stooped
in a room, with a lamp in the middle of the night,
a lamp shining on a broken table and chairs
and on a child minus a head on its little shoulders
and on a dead woman lying nearby on the earth,
and she holds her hands, like pieces of wax in the air.
And the lamp shines on the pale, stooped little Jew
with bloody fingers and wide-open glass eyes.
And the fiddle bends, as if it's about to break,
and the fiddle bends and cannot break.
And that little Jew's stretched-out neck —
what miserable hands one must have
not to be appalled by the idea of choking such a neck.

"Blessèd be! Blessèd be!" — as the psalmist says —
praise to the shadows
of the woman and child in the light of the lamp;
praise to the walls that in their buckling
resemble that little Jew,
and praise to the night in the fragments of glass
from the old, warped windows.
It reminds us of nothing — eternal nothing
that waits on us everywhere in the dark.

בײַם שײַן פֿון לעמפּל

הער איך אין מיר געדאַנקען ווײנען,
ווי בלוטיקע פֿינגער איבער אַ פֿידל אַן אַלטן,
וועמעס זײַנען די בלוטיקע פֿינגער, וואָס ווײנען?
עפּעס אײנער אַ ייִדל, אַן אײַנגעהויקערטס,
אין אַ שטוב אין מיטן דער נאַכט בײַ אַ לעמפּל,
וואָס באַשײַנט צעבראָכענע טיש און בענקלעך,
און אַ קינד אָן אַ קאָפּ אויף די אַקסל, די קלײנע,
און אַ טויטע פֿרוי אויף דער ערד דאַנעבן;
און זי האַלט, ווי פֿון וואַקס די הענט אין דער לופֿטן.
און דאָס בלײכע אײַנגעהויקערטע ייִדל
מיט בלוטיקע פֿינגער בײַם שײַן פֿונעם לעמפּל
און מיט אויגן אַזוי ווי פֿון גלאָז ווײַט־אָפֿן.
און דער פֿידל בויגט זיך צעבראָכן צו ווערן
און דער פֿידל בויגט זיך און קען זיך נישט ברעכן.
און דעם ייִדלס האַלדז דער אויסגעשטרעקטער —
ס'אַראַ וויסטע הענט מען דאַרף דאָס האָבן, —
נישט צו מיאוסן זיך אַזוינס צו דערוווערגן.

אַשרי, אַשרי! — אַ לויב צו די שאָטנס
פֿון פֿרוי און קינד בײַם שײַן פֿונעם לעמפּל;
אַ לויב צו די ווענט, וואָס מיט זײערע הויקערס
זײַנען זײ צו דעם ייִדל געגליכן,
און אַ לויב דער נאַכט אין די שטיקלעך שויבן
פֿון די אַלטע אויסגעקרומטע פֿענצטער. —
זי דערמאָנט אָן דעם גאָרנישט — דעם אײביקן גאָרנישט,
וואָס וואַרט אויף אונדז אומעטום אין דער פֿינצטער — — — —

You'll Never Catch Me Saying

There are people who might say
that it's not proper to crowd around a wagon
filled with plums and cucumbers and onions
though it's perfectly fine to be dressed in black and even to wail
while trailing a hearse in the middle of the street.
Still, it's a sin to say
that it's not proper to crowd around a wagon
filled with plums and cucumbers and onions.

But maybe you don't have to yell and quarrel over all this.
You can calmly crowd around a wagon
filled with plums and cucumbers and onions.
Since even the whip can't drive away
that tyrant of human nature, the stomach,
which has its own way, it's really mean-spirited to say
that it's not proper to crowd around a wagon
filled with plums and cucumbers and onions.

So, really, you'll never catch me saying
that it's not proper to crowd around a wagon
filled with plums and cucumbers and onions.
No matter how much the crushing, the shoving, the elbowing
torment me and I will bow my head —
or even if I cry, you'll never catch me saying
that it's not proper to crowd around a wagon
filled with plums and cucumbers and onions.

קיין מאָל שוין וועל איך נישט זאָגן

פֿאַראַנען לײַט וואָס קענען אפֿשר זאָגן
אַז ס'איז ניט שיין, צו שטופּן זיך אַרום אַ וואָגן
מיט ציבעלעס, און אוגערקעס, און פֿלוימען.
נאָר אַז ס'איז שיין אין מיטן גאַס זיך נאָכשלעפּן אַ טויטנוואָגן —
אָנגעטאָן אין שוואַרצן, און צו דעם נאָך קלאָגן,
איז דאָך אַ זינד צו זאָגן
אַז ס'איז ניט שיין, צו שטופּן זיך אַרום אַ וואָגן
מיט ציבעלעס, און אוגערקעס, און פֿלוימען.

מע דאַרף אפֿשר נישט רײַסן זיך אַזוי, און שלאָגן.
מע קען דאָך רויִק שטופּן זיך אַרום אַ וואָגן
מיט ציבעלעס, און אוגערקעס, און פֿלוימען.
נאָר אַז סע קען די בײַטש אַפֿילו קיינעם נישט פֿאַריאָגן,
ווײַל דער טיראַן פֿון דעם באַשעפֿעניש אויף דר'ערד, דער מאָגן
וויל אַזוי — באַדאַרף מען שוין אַ רשע זײַן, צו זאָגן
אַז ס'איז ניט שיין צו שטופּן זיך אַרום אַ וואָגן
מיט ציבעלעס, און אוגערקעס, און פֿלוימען.

דעריבער טאַקע וועל איך קיין מאָל שוין נישט זאָגן
אַז ס'איז ניט שיין צו שטופּן זיך אַרום אַ וואָגן
מיט ציבעלעס, און אוגערקעס, און פֿלוימען.
ווי שטאַרק עס זאָל אַ שטופּעניש אַזאַ, מיך מאַטערן און פּלאָגן,
וועל איך מײַן קאָפּ אַרונטערבויגן, און אַריבערטראָגן.
וויינען וועל איך אפֿשר — אָבער קיין מאָל וועל איך ניט זאָגן
אַז ס'איז ניט שיין צו שטופּן זיך אַרום אַ וואָגן
מיט ציבעלעס, און אוגערקעס, און פֿלוימען.

From a Letter of Mine

It's true, I'm a long way from you,
but your tenderness in your letters to me
reminds me of whole flocks of butterflies
that look for honey flowers amid nettle.

The landscape? — everywhere the sky is blue
and I love you everywhere, you my wife.
But my weariness clouds over your beauty,
like the smoke of the train over the blue sky.

Were a stranger to read this poem
he would think: what an odd guy —
he compares his wife to the sky and butterflies
and himself to smoke and nettle.

But I declare that I thumb my nose
at that kind stranger, and even at this distance
stick my tongue out at him so that,
my dear wife, he cannot give you the evil eye.

But you, however, must watch out
and don't let me turn your head
with talk of blue sky and butterflies,
you, amid the New York trolley cars.

I'll be coming any day now. My train
has blown its whistle in that hilly stretch
near Cincinnati, which lies down there below
and looks like a giant spittoon.

I laugh to myself. I hope my bit of joy,
my comparison, doesn't end up
coming to nothing, 'cause,
oh, you know me, a born loser —

And yet. I lack nothing wherever I go,
except your head, that I embrace
when I want to tease your dear little lips
that long for my lips.

פֿון אַ בריוו מײַנעם

ס'איז אמת, איך בין טאַקע ווײַט פֿון דיר,
נאָר דײַנע צערטלעכקייטן אין די בריוו צו מיר
דערמאָנען אָן גאַנצע טשאַטעס מיט זומערפֿייגל
וואָס זוכן בלומען־האָניק צווישן קראָפּעווע.

די געגנט? — דער הימל איז אומעטום בלוי,
און איך האָב דיך אומעטום ליב מײַן פֿרוי.
נאָר די מידקייט מײַנע פֿאַרוואָלקנט דײַן שיינקייט,
ווי דער רויך פֿון דער באַן דעם בלויען הימל.

ווען אַ פֿרעמדער וועט איבערלייענען דאָס ליד,
וועט ער טראַכטן: איז דאָס אַ מאָדנער ייִד: —
פֿאַרגלײַכט זײַן פֿרוי צו הימל און זומערפֿייגל,
און זיך צו רויך און קראָפּעווע.

דער גוטער פֿרעמדער (איך זאָג עס אים אויס),
איך שטעל אים א פֿײַג מיט אַ צונג אַרויס,
ער זאָל דיר, מײַן ליבע פֿרוי, פֿון דער ווײַטנס
קיין גוט־אויג נישט קענען געבן.

דו אָבער פֿונדעסטוועגן היט זיך אָפּ,
און לאָז זיך פֿון מיר נישט פֿאַרדרייען דעם קאָפּ
מיט בלויען הימל און זומערפֿייגל
צווישן די ניו־יאָרקער גאַסנבאַנען.

ס'עט נישט נעמען מער לאַנג. איך קום די טעג.
סע פֿײַפֿט שוין מײַן באַן אויף דעם באַרגיקן וועג
אַרום סינסינעטי, וואָס ליגט טיף אונטן
און זעט אויס, אַזוי ווי אַ ריזיקער שפּײַטאָפּ.

איך לאַך אַליין. מיר געפֿעלט דער פֿאַרגלײַך,
ס'זאָל זיך נאָר נישט אויסלאָזן אַ טײַך
פֿון מײַן ביסל פֿריילעכקייט, נעבעך,
דו ווייסט דאָך, אַז איך בין אַ שלימזל.

דערווײַל פֿעלט מיר גאָרנישט ווּהין איך קום,
אַחוץ דײַן קאָפּ, וואָס איך נעם אַרום,
ווען איך וויל זיך רייצן מיט דײַנע ליפּלעך,
וואָס בענקען נאָך מײַנע ליפּן.

From a Letter of Mine

Soon, soon, as I said; I am now
a thousand miles closer to you than before.
Give my regards to New York — that lousy town —
but it's nice if you have someone there.

באַלד, באַלד, ווי געזאָגט: איך בין צו דיר
מיט אַ טויזנט מײַל שוין נעענטער, ווי פֿריִער,
גריס מיר ניו־יאָרק, — אַ פּאַסקודנע שטעטל
אָבער פֿאָרט אַ ווילס, אַז מען האָט דאָרט ווּעמען.

Harshber, the Coalman

"And the coalman, Harshber, spread out
his two black, heavy hands and said to the young pale knight
standing opposite him and bowing, that he is tired
and there is no way that he can attend the wedding.
But the young and pale knight kept repeating over and over:
'Just think . . . what will the King say?
Just think . . . how angry the King will be?
Just think . . . what kind of wedding will it be
when the most distinguished in-law won't even be there?
And what about the bride — the princess —
why should she suffer such misfortune, and she will be crying and moaning?'

'Yeah, that's right, that's right.' Harshber the coalman conceded.
But at that moment he spread out his two black, heavy hands again and said
      he just can't make it:
First of all, it hasn't been on his mind,
and, secondly, as the King himself very well knows,
he's all worn out from work and can barely stand on his own two feet.
The young and pale knight kept on bowing seven times over and over
and with a wave of the hand one only sees with such people,
accompanied by a smile as bright as seven suns, lets the coalman Harshber
      know
that a carriage is waiting outside for him with four pairs of horses,
the King's very own, accompanied by the King's very own attendants.

It's old news to Harshber, the coalman,
that it's an urgent matter for the King, and he doesn't want to humiliate him,
so he stands there with bowed head, arguing with himself — should he go or
      not go.
But as he senses his eyelids starting to close more and more
he comes to see that he just can't go.
But when he remembers that the bride, the princess,
will cry, it strikes him that he really must go.

האַרשבער דער קוילן־טרעגער

— און דער קוילן־טרעגער האַרשבער האָט צעשפּרייט זײַנע
צוויי שוואַרצע שווערע הענט, און צו דעם יונגן בלייכן ריטער,
וואָס איז געשטאַנען אַנטקעגן אים געבויגן, האָט ער געזאָגט,
אַז ער איז מיד און אַז ער קען פֿאַר קיין פֿאַל נישט קומען
צו דער חתונה.
נאָר אַז דער יונגער און בלייכער ריטער האָט איבערגעחזרט
נאָך אַ מאָל און נאָך אַ מאָל:
— סטײַטש, וואָס וועט דער קיניג זאָגן?
און סטײַטש, דער קיניג וועט דאָך ברוגז ווערן?
און סטײַטש, וואָס פֿאַר אַ חתונה וועט דאָס זײַן, אַז ער, דער
בכּבֿודיקסטער מחותּן וועט פֿעלן?
און הײַנט די כּלה, — די פּרינצעסין — פֿאַר וואָס קומט דאָס איר
אַזאַ ביטער מזל? און זי וועט דאָך וויינען, יאָמערלעך וויינען?

אַלץ אמת, אַלץ אמת! — האָט האַרשבער דער קוילן־טרעגער
צוגעגעבן. — אָבער, — און דאָ האָט ער ווידער צעשפּרייט
זײַנע צוויי שוואַרצע שווערע הענט, — ער קען נישט:
ערשטנס, איז אים גלאַט דער קאָפּ נישט דאַבײַ,
און צווייטנס, ווייסט דאָך דער קיניג גאַנץ גוט, אַז ער איז
אַ פֿאַרהאָרעוועטער מענטש — קוים וואָס ער האַלט זיך
אויף די פֿיס.
פֿאַרנויגט זיך דער יונגער און בלייכער ריטער נאָך אַ מאָל און
טאַקע זיבן מאָל נאָך אַנאַנד און מיט אַ האַנט־באַוועגונג, וואָס
מען זעט דאָס נאָר בײַ אַזוינע לײַט; און מיט אַ שמייכל, וואָס
איז ליכטיק, ווי זיבן זונען, לאָזט ער וויסן דעם קוילן־טרעגער
האַרשבער, אַז אין דרויסן וואַרט אויף אים אַן עקיפּאַזש
מיט פֿיר פּאָר פֿערד, — טאַקע דעם קיניגס אַליין און טאַקע
מיט זײַנע אייגענע לײַבדינער.

זעט דאָך שוין האַרשבער, דער קוילן־טרעגער, אַז סע גייט
דעם קיניג אין לעבן, ווײַל ער אים דאָך נישט פֿאַרשעמען,
בלײַבט ער שטיין מיט אַן אַראָפּגעלאָזטן קאָפּ און איז זיך
מישבֿ מיט זיך אַליין, צי ער זאָל גיין אָדער צי ער זאָל
נישט גיין.
נאָר אַז ער דערפֿילט ווי די אויגן קלעפּן זיך בײַ אים,
קומט בײַ אים אויס, אַז ער דאַרף נישט גיין.
נאָר אַז ער דערמאָנט זיך, אַז די כּלה, די פּרינצעסין,
וועט וויינען, קומט בײַ אים אויס, אַז ער דאַרף יע גיין.

But then he reminds himself that tomorrow is another day,
and he has to get out of bed and get dressed even before the cock crows
and it sinks into him that he really can't go.
But when he reminds himself about the carriage waiting for him, with the
    King's own attendants,
he realizes that even if there's thunder and lightning
he can't worm out of going to the wedding.
He raises his head and sighs right into the face of the young pale knight
and with his two black, heavy hands on his own undershirt
assures him that he's been won over and just has to go change his clothes.

And with heavy, slow steps, usually the case with him at night,
when Harshber, the coalman, is tired,
he drags himself to the dark nook where his few rags lie on the ground.
And before he even has time to pull off his second boot
he lies down with his two black, heavy hands under his head,
and with his beard facing upward falls asleep
with such zest of noisy snorings as if
never in his whole life had he ever promised anything to the King."

נאָר אַז ער דערמאָנט זיך אַז מאָרגן איז אויך אַ טאָג,
און אַז ער וועט דאַרפֿן שטיין אויף די פֿיס נאָך איידער
דער האָן וועט אַ קריי טון, קומט בײַ אים אויס, אַז ער
דאַרף אַוודאי נישט גיין.
נאָר אַז ער גיט אַ טראַכט וועגן דעם עקיפּאַזש, וואָס
וואַרט אויף אים, און טאַקע מיט דעם קיניגס אייגענע
לײַבדינער, זעט ער דאָך, אַז ווען עס זאָל אַפֿילו
דונערן און בליצן, וועט ער זיך שוין פֿון דער דאָזיקער־
חתונה נישט אַרויסדרייען. הויבט ער אויף דעם קאָפּ
און גיט אַ זיפֿץ דעם יונגן בלייכן ריטער גלײַך אין
פּנים אַרײַן, און מיט זײַנע ביידע שוואַרצע שווערע
הענט אויפֿן וועסטל־שפּענצער בײַ דער ברוסט, זאָגט
ער צו, אַז ער וועט אַריבערקומען, — ער גייט זיך
איבערטאָן.

און מיט שווערע פּאַמעלעכע טריט, ווי געווײנלעך בײַ
נאַכט, ווען האַרשבער, דער קוילן־טרעגער איז מיד,
שלעפּט ער זיך אַוועק אין יענעם פֿינצטערן ווינקל אַרײַן,
ווּ עס ליגן די עטלעכע שמאַטעס אויף דר'ערד.
און איידער נאָך ער פּאָספּייעט אַראָפּצושלעפּן
פֿון זיך דעם צווייטן שטיוול, ליגט ער שוין מיט זײַנע
ביידע שוואַרצע שווערע הענט אונטערן קאָפּ,
און מיט דער באָרד אַרויף צו צו און שלאָפֿט
מיט אַזאַ געשמאַק און אויף אַזאַ הויך קול, אַזוי ווי
ער וואָלט דעם קיניג קיין מאָל אין זײַן לעבן גאָרנישט
נישט צוגעזאָגט.

Man the Ape

The first time man the ape saw the elephant
it was in the middle of the night
and in that darkness it seemed to him
the elephant was wearing pants.
He thought about it and thought about it
and then decided to make pants for himself
out of fig leaves, and then a shirt and shoes
and underwear and an overcoat
and a hat and a yarmulke under the hat,
man — that ape.

But that's nothing — the first time
that he saw the moon way up high
he held his wife by the belly and singed
the hair off her face
and to make sure she would also shine
he diluted slaked lime and smeared her with that
and then adorned her with whatever gold he had.
But even then she didn't gleam at all
and he began to bellow and squeal,
man — that ape.

But that's nothing — the first time
he saw the sun and how it rose
between mountain and sky
where they come together he raised his fists
and swore that he must also rise up there.
And since then he's been running
with no time to spare from the east to the west —
and the sun rises and the sun goes down,
and he goes on forever lumbering up and down,
man — that ape.

דער מענטש דער אַף

דער מענטש, דער אַף, האָט צום ערשטן מאָל
דערזען דעם העלפֿאַנט אין דער נאַכט;
האָט זיך אין דער פֿינצטער אים אויסגעדאַכט,
אַז דער העלפֿאַנט גייט אָנגעטאָן אין הויזן.
האָט ער וועגן דעם אַזוי לאַנג געטראַכט,
ביז ער האָט פֿון פֿייַגנבלעטער פֿאַר זיך
אויפֿגענייט הויזן, אַ העמד און שיך.
און אַן אונטערהעמד און אַן אויבערקיטל,
און אַ היטל און אַ יאַרמלקע אונטערן היטל,
דער מענטש — דער אַף.

נאָר דאָס איז נאָך גאָרנישט, — צום ערשטן מאָל
דערזען די לבֿנה אין דער הויך,
האָט ער צוגעהאַלטן דאָס ווייַב פֿאַרן בויך
און איר אָפּגעסמאַליעט די האָר פֿון פּנים,
און דערנאָך — כּדי זי זאָל בלישטשען אויך —
האָט ער קאַלך צעפֿירט, און זי באַשמירט,
און מיט גאָלד — וויפֿל ר'האָט געהאַט — באַצירט.
און אַז ז'האָט נאָך דעמאָלט אויך נישט געבלישטשעט,
האָט ער, געריטשעט און געפּישטשעט,
דער מענטש — דער אַף.

נאָר דאָס איז נאָך גאָרנישט, — צום ערשטן מאָל
דערזען די זון, ווי זי גייט אויף
צווישן באַרג און הימל, וואָס קומט זיך צונויף,
האָט ער — מיט די פֿויסטן אַרויף — געשווירן
אַז ער מוז אויך אַהין אַרויף.
און זינט דעמאָלט לויפֿט ער, און האָט נישט קיין צייַט,
פֿון מיזרח־זייַט צו מערבֿ־זייַט —
און די זון גייט אויף און די זון גייט אונטער,
און ער קריכט אייביק אַרויף און אַרונטער,
דער מענטש, דער אַף.

The Story About the World

"I order the world be conquered,"
the King said.
When the news got around the country
the mother mourned her living son
as if he were already dead.
But the plow in the field,
and the sole under the cobbler's hammer,
and the mouse in the hole
silently laughed
when they heard the news —
this dark news.

So, now that the world is conquered,
what do you do with it?
It doesn't fit into the King's castle.
They forgot to measure the world
when they made the doorway.
But the plow in the field,
and the sole under the cobbler's hammer,
and the mouse in the hole
are rolling around in sheer laughter.
The very crown of the King
trembles from their impudent laughter.

Meanwhile, the courtiers conclude
that the world should be kept under guard.
But the King is as pale as death.
He's afraid the world might get wet
if it starts to rain.
But the plow in the field,
and the sole under the cobbler's hammer,
and the mouse in the hole
laugh so much it's practically frightening.
They're almost dying of laughter,
because the world is still outside.

די מעשׂה מיט דער וועלט

— איך באַפֿעל מען זאָל אײַננעמען די וועלט,
האָט דער קיניג געזאָגט.
איז דאָס לאַנד געוואָר געוואָרן דערפֿון,
האָט די מאַמע איר לעבעדיקן זון
ווי אַן אמתן טויטן באַקלאָגט.
אָבער דאָס אַקער־אײַזן אין פֿעלד,
און די זויל אונטערן שוסטערס האַמער,
און די מויז אין קאַמער
האָבן שטילערהייט געלאַכט
ווען מען האָט זיי די בשׂורה געבראַכט —
די דאָזיקע פֿינצטערע בשׂורה.

איצט האָט מען שוין אײַנגענומען די וועלט.
וואָס זאָל מען טון מיט איר?
זי קאָן נישט אַרײַן אין דעם קיניגס שלאָס.
מע האָט פֿאַרגעסן צו נעמען אַ מאָס
פֿון דער וועלט — ווען מע האָט געמאַכט די טיר.
אָבער דאָס אַקער־אײַזן אין פֿעלד,
און די זויל אונטערן שוסטערס האַמער,
און די מויז אין קאַמער,
קײַקלען זיך פֿאַר געלעכטער שוין.
סע ציטערט אַזש בײַ דעם קיניג די קרוין
פֿון זייער פֿאַרשײַט געלעכטער.

די הויפֿלײַט מיינען, די וועלט זאָל דערווײַל
אַ באַוואַכטע אין דרויסן שטיין.
נאָר דער קיניג איז ווי דער טויט אַזוי בלאַס.
ער האָט מורא די וועלט קאָן נאָך ווערן נאַס
ווען סע וועט אַ רעגן גיין.
אָבער דאָס אַקער־אײַזן אין פֿעלד,
און די זויל אונטערן שוסטערס האַמער,
און די מויז אין קאַמער,
לאַכן אַזוי, אַז סע איז שוין אַ שרעק.
זיי שטאַרבן שיִער פֿאַר געלעכטער אַוועק,
וואָס די וועלט שטייט נאָך אַלץ אין דרויסן.

Abie Curley, the War Hero

Abie Curley, the war hero —
with the medals on his breast, and with the crutch,
and the left eye that closes when he cries.
Tonight, however, all of a sudden
at midnight he celebrated a holiday
and gulped down seven live frogs.

Seven times it seemed to me
that it was only the night wind that was crying in my garden.
But I didn't even try to find out
why it was crying.
Perhaps it was annoyed
because it couldn't stir the flowers
in my garden.
They are made of stone — something I dreamt up.

No matter how strange it seems,
it wasn't the night wind — but Abie Curley who was crying.
Every time when he
gulped down one of the live frogs
he cried over its death.

Now he sits in the sun again
and waits for the children to come
and say to him, "Good morning!"
He loves them.
Their warmth reminds him of his wife,
the wild Barla.
Sometimes she laughingly bit him on the cheek.
But when that happened he still had his barrel organ.

And with a peacock feather in his green hat
and his tight fitting pants
and boots
that gleamed like a mirror in the sun —
"Hey, my Barla!"

Better that Abie Curley doesn't recall happiness,
for then he'll start crying
and then start coughing and spitting up blood.

אייבי קירלי, דער מלחמה־העלד

אייבי קירלי, דער מלחמה־העלד,
מיט די מעדאַלן אויפֿן ברוסט, און מיט דער קוליע,
מאַכט דאָס לינקע אויג צו, ווען ער וויינט.
נעכטן אָבער, אין אַ מיטן מיטוואָך,
האָט ער אין מיטן נאַכט אַ יום־טובֿ זיך געמאַכט, —
זיבן לעבעדיקע זשאַבעס אויפֿגעגעסן.

זיבן מאָל האָט זיך מיר אויסגעדאַכט,
אַז בלויז דער נאַכטווינט וויינט בײַ מיר אין גאָרטן.
נאָר איך האָב נישט געפּרוּווט בײַ זיך אַפֿילו פֿרעגן,
פֿאַר וואָס ער וויינט.
אים פֿאַרדריסט אפֿשר,
פֿאַר וואָס ער קען די בלומען נישט באַוועגן
אין מײַן גאָרטן.
זיי זײַנען שטיינערדיקע, — אַזוי האָב איך זיי אויסגעסרוימט.

נאָר מאָדנע ווי דאָס זאָל נישט זײַן,
נישט דער נאַכטווינט — אייבי קירלי האָט געוויינט.
איטלעכס מאָל, ווען ער האָט איינע
פֿון די לעבעדיקע זשאַבעס אויפֿגעגעסן,
האָט ער באַוויינט איר טויט.

איצט זיצט ער ווידער אין דער זון
און וואַרט, די קינדער זאָלן קומען
זאָגן אים „גוט־מאָרגן!‟
ער האָט זיי ליב,
זייער וואַרעמקייט דערמאָנט אים אָן זײַן ווײַב —
די ווילדע באַרלאַ.
אים, לאַכנדיק, אַ מאָל אַ ביס געטאָן אין מאָרדע.
נאָר דעמאָלט האָט ער נאָך געהאַט זײַן קאַטערינקע,

און אַ פּאַווע־פֿעדער אויף זײַן גרינעם קאַפּעליוש,
און הויזן ענג געפּאַסטע,
און די שטיוול —
ווי אַ שפּיגל האָבן זיי געפֿעכלט אין דער זון.
היי, מײַן באַרלאַ!

אייבי קירלי, טאָר זיך נישט דערמאָנען וועגן גליק,
ווײַל ער שרײַט
און דערנאָך, אַז ער פֿאַרהוסט זיך, שפּײַט ער בלוט.

But Abie Curley is not angry;
it's just that his left eye closes
when he cries,
with the medals on his chest and the crutch.

אַזוי איז אָבער אייבי קירלי נישט קיין בייזער,
בלויז דאָס לינקע אויג פֿאַרמאַכט ער,
ווען ער וויינט
מיט די מעדאַלן אויפֿן ברוסט און מיט דער קוליע.

The Last One

Evening sun.
And all the flies in the corners of the windows,
in the evening cold —
congealed —
maybe already dead —
and on the edge of the water glass — the last one,
alone in the whole room — and
I say, "Sing me something about your distant homeland,
dear fly."
I hear her weeping as she answers me:
may her right foot wither
if she strikes up a tune
by these foreign waters
and if she forgets
that dear dungheap
that once was her homeland —

די לעצטע

אָוונטזון.
און אַלע פֿליגן אין די פֿענצטער־ווינקלען,
אין דער אָוונטקעלט פֿאַרגליווערטע,
און אפֿשר טויטע שוין,
און אויפֿן ראַנד פֿון וואַסערגלאָז — די לעצטע
איינע אין דער גאַנצער שטוב אַליין —
זאָג איך: זינג מיר עפּעס פֿון דײַן ווײַטן הײמלאַנד,
ליבע פֿליג.
הער איך, ווי זי וויינט און ענטפֿערט מיר:
אַז אָפּדאַרן זאָל איר דאָס רעכטע פֿיסל,
אויב זי וועט אָנרירן אַ סטרונע
בײַ די פֿרעמדע וואַסערן
און אויב זי וועט פֿאַרגעסן
אָן דעם ליבן מיסטהויפֿן
וואָס איז געווען אַ מאָל איר הײמלאַנד — — — —

My Will

So, I played a little joke on myself.
As soon as the sun rose
I went outside and gathered
goat droppings for my poem
which I wrote just only yesterday
about the glow of the moon,
to which I have added on
several poems — written on the nearby table
about the holyness of the Bible,
which, when I think about it, nauseates me,
as if I threw it all into a bag
stuffed in my old tux,
and then hammered a nail
outside by the window, and hung the whole pack
on a poker,
and the people and the children walking by
asked me, "What is this?"
I bowed low to their feet
and answered that these are my years
that over time have become moldy
amid the stench of old wisdom
on the shelves of my wonderful bookcase.
When my only son, four years old,
and with my ocean of sadness and my thimble of joy,
went around contemptuously, with his nose in the air,
I took him on my lap
and said to him as follows: "Listen to me,
my heir apparent, I swear to you,
that just as one doesn't disturb the dead in their rest
I will, when you grow up,
not interfere with anything in your life.

מײַן צוואָה

האָב איך אַזוי מיר אָפּגעטון.
ווי נאָר עס איז אויפֿגעגאַנגען די זון
בין איך אַוועק און צונויפֿגעקליבן
קאָזע־באָבקעס אין דעם ליד אַרײַן,
וואָס איך האָב ערשט נעכטן אָנגעשריבן
פֿון דער לבֿנה מיט איר שײַן,
און צו דעם האָב איך נאָך צוגעגעבן
טעלעכע לידער — פֿון טיש דאַנעבן,
וועגן דער הייליקייט פֿון דער ביבל
וואָס ווען איך טראַכט פֿון דעם, ווערט מיר איבל.
און דאָס אַלצדינג האָב איך ווי אין אַ זאַק
אײַנגעפּאַקט אין מײַן אַלטן פֿראַק,
דערנאָך אַרײַנגעשלאָגן אַ טשוועקל
אין דרויסן בײַם פֿענצטער, און דאָס גאַנצע פּעקל
אויף דער קאָטשערע אַרויסגעהאַנגען
זײַנען מענטשן און קינדער פֿאַרבײַגעגאַנגען
און האָבן געפֿרעגט בײַ מיר, וואָס דאָס איז, —
האָב איך זיך פֿאַרנויגט ביז צו זייערע פֿיס
און געענטפֿערט, אַז דאָס זײַנען מײַנע יאָרן,
וואָס זײַנען אַזוי פֿאַרשימלט געוואָרן
צווישן דעם אַלטן חכמה־געשטאַנק
פֿון מײַן ווונדערלעכן ביכערשראַנק.
ווען אָבער מײַן איינציקער זון, וואָס גייט
(מיט מײַן ים פֿול טרויער און מײַן פֿינגערהוט פֿרייד)
אין פֿערטן יאָר אַרײַן, האָט אויך
פֿאַרריסן זײַן קעפּל צו דער הויך,
האָב איך אים גענומען אויף מײַן שויס
און געזאָגט צו אים אַזוי: הער אויס,
מײַן יורש, איך זאָג דיר צו,
אַז פּונקט ווי מע שטערט נישט אַ טויטן די רו
וועל איך — ווען דו וועסט דערוואַקסן ווערן —
דיר קיין מאָל אין קיין זאַך ניט שטערן.

Do you want to steal bagels, go ahead, snatch bagels,
good luck to you, my son.
Do you want to be a murderer, an arsonist, a swindler,
go ahead, my son.
Do you want to change girls
as often as they themselves change skirts,
go ahead, change them, my son.
Just one thing, I have to say, my son:
if you want to go among people,
putting on airs, and may it never happen,
because you have written a poem about the glow of the moon
or even, of all things, about the Bible, that poison of the world,
then my dear son,
no matter how little money I have,
I will write in my will that I leave it
to my fellow countryman,
the one about to become the king of Poland.
I shred everything that binds me to you,
the way a miser cuts up cake for the poor at a wedding.
By all that binds me to you — father-shmather, son-shmon —
so help me God.
I —
swear —
I —
will."

ווילסט זײַן אַ בייגלכאַפּער, אַ שינדער
זײַ דיר, קינד מײַנס.
ווילסט זײַן אַ מערדער, אַן אונטערצינדער,
זײַ דיר, קינד מײַנס.
ווילסט בײַטן — מיידלעך
אַזוי ווי זיי אַליין די קליידלעך.
בײַט דיר, קינד מײַנס.
איין זאַך, אָבער, קינד מײַנס, זאָג איך דיר אָן:
אויב דו וועסט — פֿאַר מענטשן זיך צו גרויסן —
דערגיין אַזוי ווײַט, זיך אָנצוטאָן
אין אָט־אַזוינס, וואָס הענגט דאָ אין דרויסן
און וועסט נאָך צו דעם — די שעה זאָל נישט זײַן —
אויך שרײַבן אַ ליד פֿון לבֿנה־שײַן,
אָדער גאָר פֿון דער ביבל, דעם סם פֿון דער וועלט, —
דעמאָלט מײַן ליבער
אויב איך וועל נאָר האָבן עפּעס געלט,
מעג עס זײַן אַפֿילו ווי ווייניק
שרײַב איך אָן אַ צוואָה, און לאָז דאָס איבער
פֿאַר מײַן לאַנדסמאַן, דעם קומענדיק־פּוילישן קיניג
און אַחוץ, וואָס מירביידע זאָגן זיך מער נישט — דו —
צעשנײַד איך, אַזוי ווי אַ קאַרגער צעשנײַדט
לעקעך פֿאַר חתונה־אָרעמע־לײַט,
אַלץ וואָס בינדט צו דיר מיך צו —
און טאַטע־שמאַטע און זון־שמון,
און זאָ העלף מיר דער הערגאָט
ווי —
איך —
וועל —
דאָס —
טון —

The Sorrow of the World

Not far from my house the city begins,
an old God is crying there
while sitting on a stone in the night,
because all doors are closed to him.

Near my house, between night and smoke,
the guards laugh, wild and raucous,
as if with iron on gold
they would deafen their own dread.

Not far from my house three old men
with gray beards sit on the ground in a barn
with crowns of light on their heads and on their hands —
three holy men from morning-land.

But the wife, naked and old
and gray as they are, sits on hard straw,
groaning like a thin tree in the wind,
rocking herself alone, the way one rocks a child.

And over all of us the sorrow of the world.
It cries through all the windows and curses
that star deceiving again with its light,
that star people have been waiting for.

דער צער פֿון דער וועלט

נישט ווײַט פֿון מײַן הויז הויבט זיך אָן די שטאָט,
זיצט דאָרט און וויינט אַן אַלטער גאָט
אין דרויסן אויף אַ שטיין אין דער נאַכט,
ווײַל מ'האָט פֿאַר אים אַלע טירן פֿאַרמאַכט.

נאָענט פֿון מײַן הויז צווישן נאַכט און רויך
לאַכן די וועכטער אַזוי ווילד און הויך,
אַזוי ווי זיי וואָלטן מיט אײַזן אויף גאָלד
דעם אייגענעם פּחד פֿאַרטויבן געוואָלט.

נישט ווײַט פֿון מײַן הויז אין אַ שטאַל אויף דער ערד
זיצן דרײַ זקנים מיט גרײַז גראָע בערד
און מיט קרוינען פֿון ליכט אויף קאָפּ און האַנט, —
דרײַ הייליקע פֿונעם מאָרגנלאַנד.

אָבער דאָס ווײַב אויפֿן האַרטן שטרוי,
וואָס איז נאַקעט און אַלט ווי זיי, און גרוי,
קרעכצט ווי אַ דאַרער בוים אין ווינט
און וויגט זיך אַליין ווי מען וויגט אַ קינד.

און איבער אונדז אַלע דער צער פֿון דער וועלט.
דורך אַלע פֿענצטער וויינט ער און שעלט
דעם שטערן אויף וועמען מען האָט געוואַרט
און וואָס האָט מיט זײַן ליכט ווידער אָפּגענאַרט.

Sunrise

Around the blue fence of my house
by the sea, where I live, around my house
a golden desert spreads —
spreads as far as the edge of the sky,
where the clouds come from,
and where the morning sun comes from
with its brightness over the earth,
with its brightness over the earth.

Whose am I, oh golden earth?
I am yours, oh golden earth.
Empty as my heart and wide and pensive
you cry your lonely morning song
to the sun above that distributes its blood —
its golden blood — just and good,
to everyone on our world,
to everyone on our world.

Oh, sun, forgive me for my hands,
forgive me for my white hands;
in them your gold blood burns
just as on my blue fence,
just as on my lonely house
and on the desert that spreads
its golden self around my heart,
its golden self around my heart.

Like a child in a cradle under a tree,
under a blooming cherry tree,
I play by my blue fence
with your golden blood in my heart and hands
and I feel a strange sense of regret
and my life is almost sick to death,
and I don't know what to do with myself,
and I don't know what to do with myself.

זונאויפֿגאַנג

אַרום דעם בלויען צוים פֿון מײַן הויז,
בײַם ים, ווו איך וווין, אַרום מײַן הויז,
שפּרייט זיך אַ גאָלדענע מידבר אויס, —
שפּרייט זיך ביז העט צום הימלזוים
פֿון וואַנען די וואָלקנס קומען אַרויף,
און פֿון וואַנען די מאָרגנזון גייט אויף
מיט איר ליכטיקייט איבער דער ערד,
מיט איר ליכטיקייט איבער דער ערד.

ווּעמעס בין איך, אָ, גאָלדענע ערד?
דײַנער בין איך, אָ, גאָלדענע ערד.
פּוסט ווי מײַן האַרץ און ברייט און פֿאַרקלערט
ווײנסטו דײַן איינזאַם מאָרגנליד
צו דער זון אַרויף, וואָס צעטיילט איר בלוט, —
איר גאָלדן בלוט — גערעכט און גוט
צו אַלעמען אויף אונדזער וועלט,
צו אַלעמען אויף אונדזער וועלט.

אָ, זון, פֿאַרגיב מיר פֿאַר מײַנע הענט,
פֿאַרגיב מיר פֿאַר מײַנע ווײַסע הענט,
אין זיי דײַן גאָלדן בלוט, וואָס ברענט,
אַזוי ווי אויף מײַן בלויען צוים,
און אַזוי ווי אויף מײַן אייזאַם הויז,
און אויף דער מידבר וואָס שפּרייט זיך אויס
אַ גאָלדענע אַרום מײַן האַרץ,
אַ גאָלדענע אַרום מײַן האַרץ.

ווי אַ קינד אין אַ וויגעלע אונטער אַ בוים
אונטער אַ בלײַענדן קאַרשנבוים
שפּיל איך זיך אונטער מײַן בלויען צוים
מיט דײַן גאָלדן בלוט אויף מײַן האַרץ און הענט,
און מיר טוט דאַביי אַזוי מאָדנע באַנג
און מײַן לעבן איז צום שטאַרבן קראַנק,
און איך ווייס נישט וואָס צו טון מיט זיך,
און איך ווייס נישט וואָס צו טון מיט זיך.

Who Will Save?

Who will save the world
from the darkness, that becomes heavier and heavier?
The lord of the manor will send a chimney sweeper
and the rabbi with the high sable hat
and the priest with the long white chasuble
will help him drive away the devils,
drive away the devils.

Who will save the world
from the hunger that gets worse and worse?
The lord of the manor has seven hundred barrels of wine,
and rabbi and priest — to show God's wonder —
will mix together mud and iron
and from out of them cook dumplings —
cook dumplings.

Who will save the world
from the hate in it that burns like a fire?
The lord of the manor is watched over by a loyal hero,
and the rabbi and the priest, the rabbi and the priest,
are protected by a holy angel in the sky,
and wolves shall devour the wretched people —
the wretched people.

ווער וועט ראַטעווען?

ווער וועט ראַטעווען די וועלט
פֿון דער פֿינצטערניש, וואָס ווערט שווערער און שווערער?
דער הויפּהאַר וועט שיקן אַ קוימענקערער,
און דער רבֿ מיט זײַן הויכן סויבלהיטל
און דער גלח מיט זײַן ווײַסן קיטל
וועלן אים העלפֿן די שדים פֿאַרטרײַבן, —
די שדים פֿאַרטרײַבן.

ווער וועט ראַטעווען די וועלט,
אַז דער הונגער ווערט אויך גרעסער און גרעסער?
דער הויפּהאַר האָט ווײַן זיבן הונדערט פֿעסער,
און רבֿ און גלח — גאָטס ווונדער צו ווײַזן
וועלן צונויפֿמישן בלאָטע מיט אײַזן
און וועלן פֿון דעם וואַרעניקעס קאָכן, —
וואַרעניקעס קאָכן.

ווער וועט ראַטעווען די וועלט
פֿון דעם האַס אין איר, וואָס ברענט ווי אַ פֿײַער?
דעם הויפּהאַר באַוואַכט אַ העלד אַ געטרײַער,
און דעם רבֿ און דעם גלח, דעם רבֿ און דעם גלח,
היט אָפּ פֿונעם הימל אַ הייליקער מלאך,
און וועלף זאָלן פֿרעסן דאָס פֿאָלק דאָס וויסטע, —
דאָס פֿאָלק דאָס וויסטע.

Hey, You Naked Man

Hey, you naked man, with eyes bloodshot from searching in the distance.
You think it's that desolate wind — or that ocean — that screams
around your ears and your gaping mouth.
You think the light will suffice from that little piece of coal
from that last world-fire at night,
which the clamor in the wind kindled in you.
Your heart sees deeper than your eye, and you're as blind
as that confusion inside of you and your sickly rest
that trembles at each twinge inside of you.

An extraordinary fool it was who dreamed up
that blood which runs from the cross in the middle of the night
could give off such an illumination
it would be as lustrous as the sun in the desolate world —
and that someone naked and blind
and with outstretched hands
hangs and listens like you in the wind.
And his scream that yearns skyward
dies out like smoke, the last bit of smoke
from fires that have burned out.

Don't cry, you naked man.
Erase from your memory each pathway
that leads to someone sick unto death.
Let the last drop of the heart's blood leak out
from the one who pale and dark
stretches toward the cross on high.
The song of the mother and of the son will end
and everything they evoke will be finished —
finished, like the legend in the night
that brought them into the world.
You will return to yourself
and then you will see what you never saw.
You have called for light from the dead cold sky —
and as far as the earth is from the dead cold sky
so are you from yourself, that light so near you.
And as far as the earth is from the dead cold sky
so are you from yourself, that light so near you.

הײ, דו נאַקעטער —

הײ, דו נאַקעטער, מיט אויגן בלוט־פֿאַרלאָפֿענע, פֿון חוכן אין דער װײַט.
דו מײנסט, עס איז דער װיסטער װינט אַזאַ — דער ים אַזאַ, װאָס שרײַט
אַרום די אויערן דיר, און דײַן צעעפֿנט מויל. —
דו מײנסט, אַז דיר װעט זײַן גענוג דאָס ליכט, פֿון אָט דעם שטיקל קויל
װאָס האָט זיך פֿון דעם לעצטן װעלטפֿײַער בײַ נאַכט
מיט דעם געשרײ פֿון װינט, צו דיר אַהערגעבראַכט.—
דײַן האַרץ זעט טיפֿער פֿון דײַן אויג, און בלינד ביסטו
װי די פֿאַרלוירנקײט אין דיר, און װי דײַן קראַנקע רו,
װאָס ציטערט אויף בײַ יעדן שאָרך אין דיר.

אַ װוּנדערלעכער נאַר איז דער געװען, װאָס האָט פֿאַרטראַכט,
אַז בלוט װאָס רינט פֿון צלם אין דער נאַכט
קען אַזוי ליכטיק זײַן
צו לויכטן װי די זון, אין װיסטער װעלט אַרײַן. —
אַ נאַקעטער און בלינד —
און מיט צעשפּרײטע הענט,
הענגט ער און ער האָרכט, אַזוי װי דו, אין װינט.
און זײַן געשרײ װאָס רײַסט זיך צו דער הויך
פֿאַרגײט װי רויך, װי לעצטער רויך —
פֿון פֿײַערן װאָס האָבן אויסגעברענט.

נישט װײן, דו נאַקעטער.
מעק אויס פֿון דײַן זכּרון יעדן גאַנג
װאָס פֿירט צו דעם, װאָס איז צום שטאַרבן קראַנק.
זאָל אויסרינען דאָס לעצטע בלוט פֿון האַרץ
פֿון דעם, װאָס ציט זיך בלײך און שװאַרץ
צום צלם אין דער הויך. — װעט װערן אָפּגעטון
דאָס ליד פֿון מוטער, און פֿון זון.
װעט אַלצדינג װאָס דערמאָנט אָן זײ, פֿאַרגײן —
פֿאַרגײן, װי די לעגענדע אין דער נאַכט
װאָס האָט זײ אין דער װעלט אַרײַנגעבראַכט.
װעסטו זיך אומקערן צו זיך אַלײן,
און דעמאָלט װעסטו זען, װאָס דו האָסט קײן מאָל נישט געזען.
בײַם טויטן קאַלטן הימל האָסטו ליכט געמאָנט —
און װי די ערד פֿון טויטן קאַלטן הימל ביסטו װײַט געװוּען
פֿון זיך אַלײן, דעם ליכט, װאָס איז דיר אַזוי נאָנט.
און װי די ערד פֿון טויטן קאַלטן הימל ביסטו װײַט געװוּען
פֿון זיך אַלײן, דעם ליכט, װאָס איז דיר אַזוי נאָנט.

I, Your God

I, your God in you, the life in your blood —
I say that everything in you is holy and good.
Is holy and good like the earth under you
with louse and mouse and skunk, with worm, dog and horse.
I say that everything in you that roars and bites and curses
is honest like the heart of the drunkard
who calls me in his whiskey-stinking voice
from a gutter somewhere in the middle of the world.

I say that just as you attack the pig and the dove,
my hunger, like a marauding wolf, attacks you,
and with the same steel that you yourself sharpen
I slaughter your son, guardian of crown and throne.
And just like you I am ready to die
when I see before me what is going on in the open street,
faces and eyes running with blood — the people,
the performing bear that grapples with its chains.

And when the master comes through the wide open door
I too turn into the same fear that squirms in you.
And when the whip snaps, like you, I wail,
wail, dog-like, pleading for myself,
wail, dog-like, shuffling
toward the master's boots with its golden spurs,
to appease his frenzy with my own blood,
I, faithful and loathsome like you.

איך דייַן גאָט

איך, דייַן גאָט אין דיר, דאָס לעבן אין דייַן בלוט, —
איך זאָג, אַז אַלץ אין דיר איז הייליק און איז גוט.
איז הייליק און איז גוט ווי אונטער דיר די ערד
מיט לויז און מויז און טכויר, מיט וואָרעם, הונט און פֿערד.
איך זאָג, אַז אַלץ אין דיר, וואָס ברומט און בייַסט און שעלט
איז ערלעך, ווי דאָס האַרץ פֿון דעם באַטרונקענעם
וואָס רופֿט מיך מיט אַ קול אַ שנאַפּס־פֿאַרשטונקענעם
פֿון רינשטאָק ערגעץ ווו אין מיטן פֿון דער וועלט.

איך זאָג, אַז פּונקט ווי דו — דעם חזיר און די טויב
באַפֿאַלט מייַן הונגער דיך איין וואָלף, וואָס גייט אויף ־רויב,
און מיט דעם זעלבן שטאָל, וואָס דו אַליין שאַרפֿסט אָן,
שעכט איך דעם זון דייַנעם, דעם שוץ פֿון קרוין און טראָן.
און פּונקט אַזוי ווי דו, בין איך צו שטאַרבן גרייט,
ווען איך דערזע פֿאַר זיך אין גאַסן אָפֿענע,
מיט פּנימער און אויגן בלוט־פֿאַרלאָפֿענע,
דאָס פֿאָלק, דעם וויסטנבער, וואָס רייַסט זיך פֿון דער קייט.

נאָר ווען עס קומט דער האַר דורך אויפֿגעפּראַלטער טיר,
בין איך דער פּחד אויך, וואָס קאָרטשעט זיך אין דיר.
און ווען עס הילכט די בייַטש, בין איך ווי דו — געוויי־,
געוויין און הינטישקייט, וואָס בעט פֿאַר זיך אַליין.
געוויין און הינטישקייט, וואָס שאַרט אַליין זיך צו
צום שטיוול פֿונעם האַר, דעם גאָלד־באַשפּאָרנטן,
צו שטילן מיט מייַן בלוט אים אויפֿגעצאָרנטן.
געטרייַ, אַזוי ווי דו, און מיאוס אַזוי ווי דו.

Hey, Jew, My Brother!

"Hey, Jew, my brother, tell me if you know,
what is holy?"
"Goy, my brother,
not the child and his mother painted on the canvas;
and not the garment of gold on the priest,
but the year-in-year-out-worn-out dirty body
of you yourself with your wife and child; —
that's what is holy."

"Hey, Jew, my brother, tell me if you know,
who is noble?"
"Goy, my brother,
not he who sits with a crown on the throne,
and not he who glories in his blood on a flag:
but he who drags along behind his horse
and digs up the earth with his plow! —
that's who is noble."

"Hey, Jew, my brother, tell me if you know,
who protects us?"
"Goy, my brother,
not he who prays to the rising sun,
and not he who cries to the stars above,
but he who rips out the weed
that grows in the earth along with the rye —
that's who protects us."

"Hey, Jew, my brother, tell me if you know,
may one kill?"
"Goy, my brother,
when the enemy is in your hands,
turn aside your sword from him.
But your brother who turns aside from you
when the enemy's sword hangs over your head —
him, the wolves should tear to pieces."

ייִד, מײַן ברודער!

— ייִד, מײַן ברודער, זאָג אויב דו ווייסט,
וואָס איז הייליק?
— גוי, מײַן ברודער,
נישט דאָס קינד מיט דער מאַמען אויף לײַוונט געמאָלט;
און נישט אויפֿן פּריסט דאָס קלייד פֿון גאָלד,
נאָר דאָס אייביק־קויטיק־פֿאַרהאָרעוועט לײַב
פֿון דיר אַליין מיט דײַן קינד און ווײַב; —
אָט וואָס ס'איז הייליק.

— ייִד, מײַן ברודער, זאָג אויב דו ווייסט,
ווער איז איידל?
— גוי, מײַן ברודער,
נישט דער וואָס זיצט מיט דער קרוין אויפֿן טראָן,
און נישט דער, וואָס שטאָלצירט מיט זײַן בלוט אויף אַ פֿאָן;
נאָר דער, וואָס שלעפּט זיך הינטער זײַן פֿערד
און צעגראָבט מיטן אַקער־אײַזן די ערד! —
אָט ווער ס'איז איידל.

— ייִד, מײַן ברודער, זאָג אויב דו ווייסט,
ווער באַשיצט אונדז?
— גוי, מײַן ברודער,
נישט דער, וואָס בעט צו דער זון, וואָס גייט אויף,
און נישט דער, וואָס ווײנט צו די שטערן אַרויף;
נאָר דער, וואָס רײַסט די קראָפּעווע אויס,
וואָס וואַקסט פֿון דער ערד מיטן קאָרן אַרויס; —
אָט — דער באַשיצט אונדז.

— ייִד, מײַן ברודער, זאָג אויב דו ווייסט,
מעג מען טויטן?
— גוי, מײַן ברודער,
ווען דער שׂונא איז שוין בײַ דיר אין די הענט,
זאָל דײַן שווערד פֿון אים ווערן אָפּגעווענדט.
נאָר דײַן ברודער, וואָס ווענדט זיך פֿון דיר אָפּ,
ווען דעם שׂונאס שווערד הענגט איבער דײַן קאָפּ —
אים זאָלן די וועלף צערײַסן . . .

At Midnight

Moyshe-Leyb will conjure up a ship that departs
and follow it for so long from the shore,
until he sees a last cloud of smoke disappear.
And then, like the candles someone places at the head of a corpse,
Moyshe-Leyb will make a fire on the shore,
and just as someone is swaying while saying
kaddish for the sake of someone dead
Moyshe-Leyb will sway over the fire
and will moan
over your soul that he lost to the ocean,
that Moyshe-Leyb lost — forfeited —
forever, forever forfeited —

אין האַלבער נאַכט

משה־לייב וועט אויסטראַכטן אַ שיף וואָס גייט אַוועק,
און אַזוי לאַנג וועט ער איר נאָכקוקן פֿון ברעג
ביז ער וועט זען דעם לעצטן וואָלקן רויך פֿאַרשווינדן.
און דעמאָלט וועט ער ווי די ליכט צוקאָפּנס,
וואָס מען טוט זיי ביַי אַ טויטן צינדן,
אַ פֿיַיער ביַי דעם ברעג פֿון ים צעלייגן,
און ווי מע וויגט זיך
ביַי דעם קדיש וואָס מע זאָגט פֿון טויטנס וועגן,
וועט ער זיך וויגן ביַי דעם פֿיַיער,
און וועט קלאָגן
אויף דיַין נשמה, וואָס ער האָט ביַים ים פֿאַרלוירן,
פֿאַרלוירן — — — אָנגעווירן — — —
אויף אייביק, אויף אייביק אָנגעווירן — — —

When the Sun Goes Down

Oh, my meerschaum pipe,
don't impel me to speak empty speech.
It's not because I hate you that I rolled a cigarette
from cigar paper — that I rolled a cigarette.

But because cigar paper has a way of rustling,
quietly, without speech, bringing to mind
the breath of a woman in a black silk dress,
a woman I have invented — in a black silk dress.

And because cigar paper has a way of rustling,
quietly, without speech, bringing to mind
past holidays filled with bygone joy,
holidays I have invented — filled with bygone joy.

And because cigar paper has a way of rustling,
quietly, without speech, bringing to mind
the murmur of fall in a garden when the sun goes down —
the golden murmur of fall in a garden
when the sun goes down —
when the sun goes down.

ווען די זון פֿאַרגייט

אָ, ליולקע מײַנע,
צווינג מיך נישט צו ריידן פּוסטע רייד.
נישט, ווײַל איך האָב דיך פֿײַנט, האָב איך פֿאַרדרייט
אַ פּאַפּיראָס — מיר פֿון ציגאַר־פּאַפּיר פֿאַרדרייט, —

נאָר ווײַל ציגאַר־פּאַפּיר האָט אַזאַ שאָרף אין זיך,
וואָס קען דערמאָנען שווײַגנדיק אָן רייד
דעם אָטעם פֿון אַ פֿרוי אין שוואַרצן זײַדנקלייד,
וואָס איך האָב אויסגעטראַכט, — אין שוואַרצן זײַדנקלייד.

— און ווײַל ציגאַר־פּאַפּיר האָט אַזאַ שאָרף אין זיך,
וואָס קען דערמאָנען שווײַגנדיק אָן רייד
אָן ווײַטע יום־טובֿ־טעג פֿאַרגאַנגענע פֿול פֿרייד,
וואָס איך האָב אויסגעטראַכט — פֿאַרגאַנגענע פֿול פֿרײד.

— און ווײַל ציגאַר־פּאַפּיר האָט אַזאַ שאָרף אין זיך,
וואָס קען דעמאָנען שווײַגנדיק אָן רייד
דעם רויש פֿון האַרבסט אין גאָרטן, ווען די זון פֿאַרגייס, —
דעם גאָלדענעם רויש פֿון האַרבסט אין גאָרטן
ווען די זון פֿאַרגייט —
ווען די זון פֿאַרגייט.

Zarkhi to Himself

Oh Zarkhi, Zarkhi, you can't construct
a bridge that's built
over the ocean, people coming and going,
your longing there on the other side
with raised red paws and crying out
like a village maid who wants to have a man,
to have a man,
to have a man.

But in vain you look at the ships, Zarkhi;
you're only pounding nails into your head
with your self-delusions.
The only ones transported
are those who have money and time
to eat over and over,
eat over and over,
eat over and over.

Perhaps you could persuade your dream
to turn you into a cloud.
Only, what's the use, before you can even make a move
the curse "may their names be erased" comes blowing in
and the wind like a knife cuts through the heaviest cloud
as if it were a head of cabbage,
a head of cabbage,
a head of cabbage.

And sticking out your tongue doesn't help either, Zarkhi;
others can do the same thing,
even a corpse strung up on high.
Or even a shameless little rich kid
running around somewhere in a silk shirt.
But you, Zarkhi, still seem to be a wise man,
seem to be a wise man,
seem to be a wise man.

זרחי צו זיך אַליין

אָ, זרחי. זרחי, דו קענסט נישט מאַכן,
עס זאָל זיך אויפֿבויען אַ בריק
איבערן ים אַהין און צוריק,
און דײַן בענקשאַפֿט שטייט דאָך אויף יענער זײַט
מיט רויט־אויפֿגעהויבענע לאַפּעס, און שרײַט,
ווי אַ דאָרפֿסמויד, וואָס דאַרף שוין אַ מאַנסביל האָבן,
אַ מאַנסביל האָבן,
אַ מאַנסביל האָבן.

און אומזיסט, וואָס דו קוקסט אויף די שיפֿן, זרחי,
דו שלאָגסט זיך בלויז אין דײַן קאָפּ אַרײַן
טשוועקעס — מיט דעם וואָס דו רעדסט זיך אײַן.
זיי פֿירן בלויז אַלע אַזוינע לײַט,
וואָס האָבן גאָלד און וואָס האָבן צײַט
צו עסן איין מאָל און נאָך אַ מאָל עסן, —
און נאָך אַ מאָל עסן,
און נאָך אַ מאָל עסן.

וואָלטסטו אפֿשר געקענט בײַ דײַן חלום פּועלן,
אַז ער זאָל מאַכן אַ וואָלקן פֿון דיר.
נאָר וואָס טויג — אַז איידער מען גיט זיך אַ ריר,
טראָגט זיך אָן ימח־שמו פֿון דער ווײַט,
דער ווינט מיט אַ מעסער אַזאַ, וואָס צעשנײַדט
דעם שווערסטן וואָלקן, ווי קרויט אַ קעפּל,
ווי קרויט אַ קעפּל,
ווי קרויט אַ קעפּל.

און ווײַזן די צונג העלפֿט אויך נישט, זרחי,
אַזוינס קאָן דאָך באַווײַזן אויך,
אַפֿילו אַ טויטער, וואָס הענגט אין דער הויך.
אָדער גאָר אַ קינד, ווען עס לויפֿט נאָך פֿאַרשײַט
אַרום ערגעץ אין אַ העמדל פֿון זײַד.
אָבער דו ביסט דאָך, זרחי, דאַכט זיך, אַ חכם, —
דאַכט זיך אַ חכם,
דאַכט זיך אַ חכם.

[Zarkhi, My Brother]

Zarkhi, my brother, might it not be
a dismal demon that cries in you?
"Maybe a demon,
but I can't look into myself
the way one looks through a keyhole in a door —
I don't know how to figure it out."

Zarkhi, my brother, the world is a palace
and you hang around like a beggar on a doorstep.
"The world is a palace,
and like the pole of a merry-go-round
I go round and around — my own soul —
I'm a loser."

Zarkhi, my brother, the sky can console,
ask the bird, even the rising smoke.
"The sky can console,
but I can't look that far up —
it seems to me that God Himself cries too —
I don't know why."

— זרחי, מײַן ברודער, צי איז דאָס נישט אפֿשר
אַ קליפּה אַ וויסטע וואָס וויינט אין דיר?
— ס'איז אפֿשר אַ קליפּה,
נאָר איך קען נישט אַרײַנקוקן אין מיר
ווי מע קוקט דורכן שליסל־לאָך פֿון אַ טיר — — — —
איך ווייס נישט ווי אַרום — — —

— זרחי, מײַן ברודער, די וועלט איז אַ פּאַלאַץ
און דו דרייסט זיך אַרום ווי אַ בעטלער בײַם שוועל —
— די וועלט איז אַ פּאַלאַץ
און איך — ווי דער סלופּ פֿון אַ קאַרוסעל
דריי זיך אַרום מײַן אייגענער זעל — — —
איך בין אַ שלימזל — — —

— זרחי, מײַן ברודער, דער הימל קען טרייסטן:
דעם פֿויגל פֿרעג און אַפֿילו דעם רויך.
— דער הימל קען טרייסטן,
נאָר איך קען נישט אַרויפֿקוקן צו דער הויך —
מיר דאַכט זיך, אַז גאָט אַליין וויינט אויך — — —
איך ווייס נישט פֿאַר וואָס — — —

[It's Not So Much]

It's not so much Zarkhi's old age
that cries out to the ocean at dusk —
but it's Zarkhi's thinking about his thoughts
that cries under the stars at night.

It's not so much man's toil
that cries out to him from the earth —
but the earth that cries out — the earth —
for the iron and gold of sword and crown.

It's not so much the wild beast
nor its accursed blood —
but the blind sadness that cries out
at all that hunger does.

It's not so much the white dove
that spreads out its wings to fly —
but the feather, the feather flying out
from the rip in the pillow, that cries out.

It's not so much the slaughterer's knife
nor the blessing that he makes —
but the dead child who cries out,
the child who was killed in the cradle.

It's not so much the hard liquor
that cries out in the goyim's murderous howls —
but it's the old Zarkhi who cries and cries
and lives and thinks and looks on them.

ס'איז נישט אַזוי די עלטער זרחיס
וואָס וויינט צום ים אַרויס פֿאַר נאַכט;
נאָר וויינען וויינט בײַם אָוונט־שטערן
דאָס טראַכטן זרחיס וואָס ער טראַכט.

ס'איז נישט אַזוי דעם מענטשנס פּראַצע
וואָס וויינט אַרויס צו אים פֿון דר'ערד —
נאָר וויינען וויינט די ערד — דאָס אײַזן
די ערד — דאָס גאָלד פֿאַר קרוין און שווערד.

ס'איז נישט אַזוי די חיה־רעה
און נישט פֿאַרשאָלטן איז איר בלוט —
נאָר וויינען וויינט דער בלינדער טרויער
אויף אַלצדינג וואָס דער הונגער טוט.

ס'איז נישט אַזוי די טויב די ווײַסע
וואָס שפּרייט צו פֿליִען די פֿליגל אויס —
נאָר וויינען וויינט בײַם ריס אין קישן
דאָס פֿעדערל וואָס פֿליט אַרויס.

ס'איז נישט אַזוי דעם שוחטס חלף
ס'איז נישט די ברכה וואָס ער מאַכט —
נאָר וויינען וויינט דאָס קינד דאָס טויטע
וואָס מ'האָט אין וויגל אומגעבראַכט.

ס'איז נישט אַזוי דער ייִן־שׂרף,
וואָס וויינט אין גויימס מאָרדגעשריי —
נאָר וויינען וויינט דער אַלטער זרחי
וואָס לעבט און טראַכט און קוקט אויף זיי.

[The Face of the Ocean]

The face in moonlight on the ocean
looks like death itself,
whose open eyes and beard
are silent at the ocean
because they don't want to see
below to those recesses
where dead hands play on the cimbalom —
and Zarkhi sings like his grandfather celebrating the sabbath.

The mouth with the ears
pricked up in the night,
paying attention
to the wind and its tales
because the heart wants to fool itself —
and injustice calls to be a witness to the night
so that the moon doesn't cast its light
on the dead lament in vain —
and Zarkhi sings like his grandfather celebrating the sabbath.

דאָס פּנים בײַם ים אין לבֿנה־שײַן
וואָס זעט אויס, אַזוי ווי טויט צו זײַן,
האָט אָפֿענע אויגן מיט אַ באָרד —
און די אויגן שווײַגן צום ים אַרויס
ווײַל זיי ווילן נישט זען, אונטער זיך אויפֿן שויס
די טויטע הענט אויפֿן צימבל דאָרט —
און זרחי זינגט, ווי דער זיידע לכּבֿוד שבת.

דאָס מויל מיט די אויערן אָנגעשטעלט
אין דער נאַכט אַרויס, צום ווינט וואָס דערציילט,
ווײַל דאָס האַרץ וויל אָפּנאַרן זיך אַליין —
און דאָס אומרעכט רופֿט, אַן עדות צו זײַן
אַז די נאַכט מיט איר לבֿנה־שײַן
באַשײַנט נישט אומזיסט, דאָס טויטע געוויין —
און זרחי זינגט, ווי דער זיידע לכּבֿוד שבת.

[Zarkhi, Zarkhi!]

Zarkhi, Zarkhi!
I, the sky, want to make peace with you —
and you bow your head to the dark earth
as if you didn't want to hear my call;
like a bird the size of the earth
I spread out my golden light —
and you, a golden fly under me,
want to leave the world
and seek a doorway out,
and you don't see
how in my very light
even the menacing beast grieves
as he crouches in the darkness of the night
until sunrise —
until sunrise —
until sunrise —

זרחי, זרחי!
איך, דער הימל, וויל שלום מיט דיר —
און דו בויגסט דײַן קאָפּ צו דער פֿינצטערער ערד,
אַזוי ווי דו וואָלטסט מײַן רוף נישט געהערט;
ווי אַ פֿויגל, וואָס איז ווי די וועלט אַזוי גרויס,
שפּרייט איך מײַן גאָלדענע ליכטיקייט אויס —
און דו ווי אַ גאָלדענע פֿליג אונטער מיר
ווילסט אַרויס פֿון דער וועלט און דו זוכסט אַ טיר,
און דו זעסט נישט, אַז אין מײַן ליכטיקייט טרויערט,
אַפֿילו די חיה די בייזע וואָס לויערט
אין דער פֿינצטערניש פֿון דער נאַכט וואָס געדויערט
ביז זונען־אויפֿגאַנג — — —
ביז זונען־אויפֿגאַנג — — —
ביז זונען־אויפֿגאַנג — — —

[Zarkhi, Zarkhi! . . .]

Zarkhi, Zarkhi! . . .
Even the darkness is a song;
it grows like a forest that rises
with the trees toward the heavens
and its sadness runs like molten gold
over everything that ought to be eternal
and that sadness runs eternally
over everything that is in perpetual decline —
and you don't let your ancestors lie in their graves
but call them to the shore to sway
and to sing away your grief to the Talmudic chant:
"Learn it over and over — "
"Learn it over and over — "
"Learn it over and over — "

זרחי, זרחי! . . .
אַפֿילו די פֿינצטערניש איז אַ געזאַנג:
זי וואַקסט ווי אַ וואַלד, וואָס הויבט זיך אויף
מיט דיביימער ביז איבער די הימלען אַרויף,
און איר טרויער רינט ווי צעשמאָלצן גאָלד
אויף אַלץ, וואָס האָט אייביק זײַן געזאָלט,
און איר טרויער רינט ווי די אייביקייט לאַנג
אויף אַלץ, וואָס איז אייביקער אונטערגאַנג —
און דו לאָזט דײַנע אָבֿות אין קבֿר נישט ליגן
און רופֿסט זיי, בײַם ברעג פֿון ים זיך צו וויגן,
צו פֿאַרזינגען דײַן צער מיט דעם אַלטן ניגון
אָמר אַבּיי — — —
אָמר אַבּיי — — —
אָמר אַבּיי — — —

[The Dead King's Lament]

The dead king cannot rest in peace,
his refrain spreading through the night:
"Vey mir! Vey mir!" his lament is heard.
"Who will rock me to sleep?"

Who empties out the great ocean?
Who can soothe my sadness?
When will the desolation depart
from the walls of Jerusalem?

I had a people of my very own —
they were driven out and scattered.
And the people died off
and I alone remain.

I had a royal palace —
emptiness resides there now,
in my garden wind and fox-howls
spreading through the night.

Angry wolves have wolfed down
my sheep and my cattle.
Where the shepherd used to sit
desolate heaps of sand now stand.

So the dead king laments,
and it seems thousands of generations lament,
generations dark as black clouds
carried along by the storm winds.

רוט נישט איַין דער טויטער קעניג
טראָגט זיך דורך דער נאַכט זיַין ניגון:
וויי מיר! וויי מיר! הערט מען קלאָגן.
ווער וועט מיך אין רו פֿאַרוויגן?

ווער שעפּט אויס דעם ים דעם גרויסן?
ווער קען לינדערן מיַין טרויער?
ווען וועט זיך די וויסטקייט אָפּטון
פֿון ירושלימס מויער?

כ'האָב געהאַט אַ פֿאָלק מיַין אייגנס —
האָט מען עס צעזייט, צעטריבן.
און דאָס פֿאָלק איז אויסגעשטאָרבן
און אַליין בין איך געבליבן.

כ'האָב געהאַט אַ קעניג־פּאַלאַץ —
הויזט אַצינד די פּוסטקייט דאָרטן,
ווינט און פֿוקסן־יאָמער טראָגן
זיך ביַי נאַכט, אַדורך מיַין גאָרטן.

מיַינע שאָף און רינדער האָבן
בייזע וועלף מיר אויפֿגעפֿרעסן,
זאַמדבערג וויסטע שטייען דאָרטן,
ווּ דער פּאַסטוך איז געזעסן.

קלאָגט אַזוי דער טויטער קעניג,
דאַכט זיך טויזנט דורות קלאָגן,
דורות פֿינצטערע ווי כמאַרעס,
וואָס די שטורעמווינטן טראָגן.

Zarkhi's Family

When Zarkhi shuts his eyes tight
and pays close attention to what he thinks
he becomes so strange to himself,
as if he were looking at a dirty old shirt
left behind by someone
not here anymore.
And then it seems to him that he hears
the lament of someone from under the earth,
someone crying with dead and cold eyes,
like a nighttime dream-shape
that might be a spirit in the air
or a cloud somewhere — or just a vapor —

And while Zarkhi is thinking, trying to figure out
what his parents had been like,
he notices a cloud over a nearby mountain,
a cloud that shambles itself into a bear.
And as soon as the cloud fertilizes the body
of the mire that has become its spouse
a creature emerges from the muck,
from a motherly lap,
a creature crying, holding up its hands like a bear,
a soul that doesn't even know what it is
but stands there like a golem in the world,
standing exactly where it was placed.

And when Zarkhi mulls whether someone
is here with him in the world or nobody is there,
a stone grows out of the darkness,
right next to him. It seems to him
that the stone has arms and a head
like his own, that let him
drowsily descend to the mother, the earth.
He talks to the stone about all he's thinking
and hearing, as if to his own brother,
until he sees this figure crying, like himself,
like himself in the rain and the wind,
with a tongue and with eyes — dumb and blind.

זרחיס משפּחה

ווען זרחי האַלט זײַנע אויגן פֿאַרמאַכט
און ער הערט זיך אײַן צו אַלץ וואָס ער טראַכט,
ווערט ער פֿאַר זיך אַליין אַזוי פֿרעמד,
ווי ער וואָלט געקוקט אויף אַן אַלטן העמד
וואָס איז איבערגעבליבן אַ קויטיקס דאָ
פֿון איינעם, וואָס איז שוין מער נישטאָ.
און דעמאָלט דאַכט זיך אים אויס, אַז ער הערט
דאָס געוויין פֿון יענעם פֿון אונטער דער ערד,
וואָס וויינט מיט אויגן טויט און קאַלט,
אַזוי ווי בײַ נאַכט אַ חלום־געשטאַלט,
וואָס מע ווייסט ניט, צי איז דאָס אַ גײַסט אין דער הויך,
צי אַ וואָלקן ערגעץ — צי נאָר אַ רויך — — — —

און ווען זרחי טראַכט און עס ווילט זיך אים זען,
ווער די עלטערן זײַנע זײַנען געווען,
דערזעט ער פֿון איבער אַ באַרג אַהער
אַ וואָלקן, וואָס שלעפּט זיך אַזוי ווי אַ בער.
און ווי נאָר דער וואָלקן באַפֿרוכפּערט דאָס לײַב
פֿון דער בלאָטע, וואָס איז געוואָרן זײַן ווײַב,
וואַקסט ווי פֿון אַ מוטערלעך שויס
וויינענדיק פֿון דער בלאָטע אַרויס
אַ נפֿש, וואָס האַלט ווי אַ בער די הענט
און וואָס ווערט פֿון זיך אַליין נישט דערקענט,
און וואָס שטייט ווי אַ גולם אויף דער וועלט
אויף דעם אָרט ווו מען האָט אים אַנידערגעשטעלט.

און ווען זרחי טראַכט, צי ס'איז עמעצער דאָ
מיט אים אין דער וועלט, צי ס'איז קיינער נישטאָ, —
וואַקסט פֿון דער פֿינצטערניש אַרויס
אַ שטיין נעבן אים. דאַכט זיך אים אויס
אַז דער שטיין האָט אָרעמס און אַ קאָפּ,
וואָס לאָזן זיך שלעפֿערדיק אַראָפּ
ווי זײַנע — צו דער מאַמע, דער ערד.
רעדט ער פֿון אַלץ, וואָס ער טראַכט, און הערט
ווי מע רעדט צו אַן אייגענעם ברודער, צום שטיין,
ביז ער זעט אים וויינען, ווי זיך אַליין,
ווי זיך אַליין אין רעגן און ווינט
מיט אַ צונג און מיט אויגן — שטום און בלינד.

We Go Walking

The master-glutton knows what is delicious,
and the great poet knows what is beautiful.
Oh, give me your hand, my dear wife,
and let us stroll to the ocean.

There are lots of small children at the ocean
and they play in the sun
and the sky is blue for them, as for us.
And they sing and think nothing about it.

Grandmothers and grandfathers also sit by the ocean
and they are as gray as stones,
with glasses on the eyes and hunchbacked,
sitting in the shade — but still in pairs,

except for the glutton, that one there,
stuffing his mouth with franks and rolls.
He sits alone, like the great poet,
who dreams now about death.

The poet is pale and the window opposite him
on the wall is of no use to him at all,
like Diogenes with a lantern — that fool
who seeks in daylight for a nonexistent land.

Only perhaps he is used to it
like the foot to the shoe and the stomach to bread,
and like the world to the dear sun,
which rises and sets in clouds of red.

As long as one way or another, your hand
rests warmly in mine, everything is lovely
and fine with us, we who are not counted
among the people who have to be alone.

גייען מיר שפּאַצירן

דער געניטער פֿרעסער ווייסט, וואָס ס'איז גוט,
און דער גרויסער דיכטער ווייסט, וואָס ס'איז שיין.
אָ, גיב מיר דײַן האַנט, מײַן ליבע פֿרוי,
און לאָמיר צום ים שפּאַצירן גיין.

בײַם ים זײַנען קליינע קינדער דאָ
אַ סך, — און זיי שפּילן זיך אין דער זון,
און דער הימל איז בלוי פֿאַר זיי, ווי פֿאַר אונדז.
און זיי זינגען און ווייסן נישט דערפֿון.

בײַם ים זיצן באָבעס און זיידעס אויך,
און גרוי, ווי שטיינער זײַנען זיי,
און מיט ברילן אויף ד'אויגן און הויקערדיק,
און אין שאָטן שוין — אָבער אַלץ נאָך צו צוויי,

דער פֿרעסער בלויז, אָט יענער דאָרט,
וואָס פּאַקט אין פּיסק אַרײַן ווורשט מיט ברויט,
ער זיצט אַליין, ווי דער גרויסער פּאָעט,
וואָס טרוימט ערגעץ איצטער וועגן טויט.

דער פּאָעט איז בלייך און אומזיסט איז דאָ
דאָס פֿענצטער אַנטקעגן אים אין דער וואַנט,
ווי דיאָגענעס מיטן לאַמטערן — דער נאַר,
זוכט ער בײַ טאָג דאָס נישטאָיִקע לאַנד.

נאָר אפֿשר איז ער געוווינט צו דעם,
ווי דער פֿוס צום שוך און דער מאָגן צום ברויט,
און ווי די וועלט צו דער ליבער זון,
וואָס גייט אויף און פֿאַרגייט פֿאַרוואָלקנט און רויט.

נאָר אַזוי צי אַזוי — אַזוי לאַנג דײַן האַנט
רוט וואַרעם אין מײַנער, איז אַלצדינג שיין;
און גוט איז אונדז, וואָס מיר ציילן זיך ניט
צו די מענטשן, וואָס דאַרפֿן זײַן אַליין.

[I Ask My Dear Wife]

I ask my dear wife,
how should I end the romance
in the little book I'm writing —
she says: happiness should leave by the train
and wave back with a handkerchief.
I say: hanky-shmanky —
she says: booky-shmooky —
and asks me if I would like
a cooky with my coffee.
I say: cooky-shmooky —
and tell her to slip my pillow
into a pillowcase.
She says: pillow-shmillow.
And she tells me to take her shoes
to the shoemaker.
I say: shoey-shmooey.
She gets angry
and shows me I have a bald spot —
I say:
cooky-shmooky-booky-shmooky-baldy-shmaldy-shoey-shmooey-hanky-
    shmanky-pillow-shmillow
which she can't say as fast as I can, as fast as I can,
cooky-shmooky-booky-shmooky-baldy-shmaldy-shoey-shmooey-hanky-
    shmanky-pillow-shmillow
and we both laughed,
the both of us — laughed.
Until she closed my eyes,
closed my eyes.
And she lulled me to sleep with the song about the rain,
the one about the rain
that's sung for little children.

פֿרעג איך בײַ מײַן ליבער פֿרוי,
ווי אַזוי צו פֿאַרענדיקן דעם ראָמאַן,
אין מײַן ביכעלע —
זאָגט זי: דאָס גליק זאָל אַוועק מיט דער באַן,
און צוריקקווינקען מיט אַ טיכעלע.
זאָג איך: טיכעלע־שמיכעלע —
זאָגט זי: ביכעלע־שמיכעלע —
און פֿרעגט מיך, צי וויל איך נישט בעסער
קאַווע מיט אַ קיכעלע.
זאָג איך: קיכעלע שמיכעלע —
און הייס מיר אויפֿציִען אויף מײַן קישן
אַ ציכעלע.
זאָגט זי: ציכעלע־שמיכעלע.
און הייסט מיר אַרײַנטראָגן צום שוסטער
איר שיכעלע.
זאָג איך: שיכעלע־שמיכעלע.
ווערט זי ברוגז, און ווײַזט מיר
אַז כ'האָב שוין אַ פּליכעלע —
זאָג איך:
פּליכעלע־שיכעלע־ציכעלע־קיכעלע־טיכעלע־ביכעלע־שמיכעלע
קען זי נישט זאָגן אַזוי גיך ווי איך, אַזוי גיך ווי איך,
פּליכעלע־שיכעלע־ציכעלע־קיכעלע־טיכעלע־ביכעלע־שמיכעלע
האָבן מיר אין איינעם געלאַכט —
אין איינעם געלאַכט.
ביז זי האָט מיר די אויגן פֿאַרמאַכט —
די אויגן פֿאַרמאַכט.
און מיר אײַנגעוויגט מיט דעם ליד פֿונעם רעגן,
מיט דעם ליד פֿונעם רעגן.
וואָס מען זינגט פֿון קליינע קינדערס וועגן.

from *Moyshe-Leyb Halpern: Volume One* (1934)

Sacco-Vanzetti

Early grief that is hard to take
can make you tear a gray hair out of your head,
but when in your grief you feel
you can't carry your head anymore,
with its skin and hair,
on those two poor bones people call shoulders —
you shouldn't just stand there with eyes and mouth open,
as if you're in a madhouse somewhere;
since a stone wall is harder than a head,
banging a head against it will only leave it with a lump
as large as an apple on a tree
with no one around to pluck it when it's ripe.
But there's an easier way out of this nowadays
if someone is looking for it:
Just calm down a while,
like a typhus patient bowing before someone shaving his head.
He is after all a brother
and there's no need to get angry at him,
since he doesn't shave off the skin too.
He only does what he's ordered and paid to do.
And even that death outfit —
that too — was sewn by a brother, who is hungry.
And just as a child — some poor kid —
is dressed up for a holiday
and led somewhere by the hand —
so someone can also let himself be conducted to the death chair that awaits
    him,
no matter how old he is.

סאַקאָ־וואַנזעטי

מען קען זיך אויסרײַסן אַ גרויע האָר פֿון קאָפּ,
וואָס קומט צו פֿרי אַ מאָל פֿון צער, וואָס איז צו שווער;
נאָר ווען מען איז זײַן צער עס דאַכט זיך אויס,
אַז ס'איז אים שווער דער קאָפּ זײַנער מיט הויט און האָר,
ווי עפּעס, וואָס ער קען ניט טראָגן מער,
אויף אָט די קנאָכן די צוויי אָרעמע, וואָס הייסן אַקסל —
בײַ דעם מענטשן —
זאָל ער ניט בלײַבן שטיין דעמאָלט מיט מויל און אויג־ אָפֿענע,
ווי אין דולהויז ערגעץ;
און אויך דער שטיין פֿון וואַנט איז האַרטער פֿון זײַן קאָפּ
און שלאָגן זיך אָן אים וועט ברענגען בלויז אַ בײַל,
ניט גרעסער פֿון אַן עפּל אויף אַ בוים, וואָס דאַרט
און האָט ניט ווער עס זאָל אים אָפּרײַסן אין צײַט.
און ס'איז דאָך דאָ אַן אויסוועג הײַנט אַ גרינגערער
פֿאַר דעם, וואָס זוכט אים:
מען דאַרף נאָר רויִק זײַן אַ ווײַל,
און ווי אַ טיפֿוס־קראַנקער צובויגן דעם קאָפּ צו דעם, וואָס גאָלט.
אַ ברודער איז ער דאָך,
און מען דאַרף ניט ברוגז זײַן אויף אים,
פֿאַר וואָס ער נעמט די הויט ניט מיט.
ער טוט נאָר וואָס מען הייסט און ווען מען צאָלט דערפֿאַר.
און אויך דאָס טויטנקלייד, —
דאָס אויך — האָט אויפֿגענייט אַ ברודער, וואָס איז הונגעריק.
און אַז אַ קינד — דאָס אָרעמסטע,
ווען מען טוט עס אָן אַ בגד אין אַ יום־טובֿ,
גייט בײַם האַנט, ווּהין מען נעמט עס מיט;
מעג מען אויך זיך לאָזן פֿירן צו דער טויטנשטול, וואָס יואַרט
ווי אַלט מען זאָל ניט זײַן.

And with that deadly copper gleaming on his head —
what can be heavier to bear than that?
A king — even with all the people crying around his throne —
must be quiet when he is being crowned.
And when that crown chosen for him is made of fire —
that is a wonder-crown in this whole desolate world.
And only the wolf, always lurking because he is wild,
and only the robber in the dark
are frightened of the blaze.
Children, mute,
yet with eyes open and that still see nothing
reach toward the fire.
And only the moth, that yearns for light
in the dead of the night,
always welcomes with outspread wings —
that death in fire.

September 4, 1927

און אַז עס בלאַנקט שוין אויך דאָס טויטנדיקע קופּער אויפֿן קאָפּ
וואָס קען נאָך שווער זײַן דעמאָלט?
אַ קיניג — ווען דאָס גאַנצע פֿאָלק אַפּילו וויינט אַרום זײַן טראָן —
דאַרף שווײַגן, ווען מען קרוינט אים.
און אַז פֿון פֿײַער איז די קרוין אויף אים דעם אויסדערוויילטן
איז דאָס אַ וווּנדערקרוין אין אָט דער ווּיסטער וועלט.
און בלויז דער וואָלף, וואָס אייביק לויערט ער, ווײַל ער איז ווילד
און בלויז דער רויבער אין דער פֿינצטער —
שרעקן זיך פֿאַר פֿײַער.
קינדער שטומע, נאָך
מיט אויגן אָפֿענע, וואָס זעען גאָרנישט נאָך,
שטרעקן זיך צום פֿײַער.
און בלויז דער שמעטערלינג, וואָס גאַרט נאָך ליכט
אין חושך פֿון דער נאַכט,
באַגעגנט מיט צעשפּרייטע פֿליגל אייביק —
דעם טויט אין פֿײַער.

4טן סעפּטעמבער 1927

Evening

He's often seen these boulders on the beach.
I've wondered, what draws a man of my age
here, to the beach, in the autumn dusk?
What is it about the smoke that rises from ships,
about the cloud disappearing on the western edge of the sky?
When a child begins Hebrew school he is taught
to say a blessing over the piece of bread he holds in his hand.
But who teaches a man of my age to go around alone
and groan at the fog that settles into night?
At the wind that cries like himself?
At the white crests of waves, always dancing their death-dance?
O, Gingili, you my mood swings —
like rust that spreads over an old sword,
loneliness embraces my limbs;
and like a dying bird that leaves its nest,
night falls over me.
I never stop talking to myself about these things,
just as some holy fool talks to the wind by an open window,
to the wind that blows out the light near a sacred book.

אָוונט

איך האָב געטראַכט —
— אַ מאַן אין מײַנע יאָרן,
וואָס ציט אים דאָ אַהער צום ים אין האַרבסטיקן פֿאַרנאַכט?
די שטיינער דאָ האָט ער דאָך שוין געזען
און וואָס איז אים דער רויך, וואָס ציט זיך פֿון אַ שיפֿ־קוימען אַרויף?
און וואָס איז אים דער וואָלקן, וואָס פֿאַרשווינדט
בײַם מערבֿ־זוים פֿון הימל?
אַ קינד הייבט אָן אין חדר גיין,
לערנט מען אים אויס ברכה מאַכן
אויף דעם שטיקל ברויט אין הענטל, וואָס ער האַלט.
ווער אָבער לערנט אויס אַ מענטש אין מײַנע יאָרן
אַרומצוגיין אַליין
און זיך קלאָגן וועגן דעם
צום נעפּל, וואָס ער זעט אין רוים דעם נאַכטיקן?
צום ווינט, וואָס וויינט ווי ער?
און צו דעם ווײַסן שוים, וואָס טאַנצט פֿון ים אַרויס
זײַן אייביקן טויטנטאַנץ?
אָ, גינגילי, מײַן אומרו דו —
ווי זשאַווער אויף אַ שווערד אַן אַלטער
ליגט די איינזאַמקייט אויף מײַנע גלידער;
און ווי פֿון נעסט אַרויס אַ פֿויגל, וואָס איז קראַנק צום שטאַרבן,
פֿאַלט אויף מיר די נאַכט.
און אייביק רעד איך וועגן דעם צו זיך אַליין,
ווי עס רעדט אַ נאַר אַ הייליקער צום ווינט בײַם אָפֿענעם פֿענצטער,
צום ווינט, וואָס האָט בײַם ספֿר אים דאָס ליכט פֿאַרלאָשן.

Strangeness Between Us

We are silent.
I hear my casket
weep in a room
entirely black,
without even a little window,
in a collapsed house
where no one lives anymore —
your head, bent in the dull lamplight,
offering your trembling breath to the black dress
clasping your body, almost as dark
as my casket, which I see now.

פֿרעמדקייט צווישן אונדז

שווײַגן מיר.
הער איך, ווי עס וויינט אין מיטן שטוב מײַן טויטן־קאַסטן
איבער דעם, וואָס ער איז שוואַרץ אין גאַנצן,
און וואָס ער האָט אַפֿילו ניט קיין פֿענצטערל אַזאַ,
ווי אין אַן אײַנגעפֿאַלן שטיבל ערגעץ,
ווּ קיינער וווינט ניט מער —
און דו, אין מאַטן לאָמפּנליכט מיט קאָפּ געבויגענעם,
שענקסט דײַן ציטערדיקסטן אָטעם צו דעם קלייד דעם שוואַרצן,
וואָס נעמט אַרום דאָס לײַב דײַנס שיִער ניט אַזוי פֿינצטער,
ווי מיך מײַן טויטן־קאַסטן, וואָס איך זע איצט.

In the World

Who has grasped the hunger-song
the wolf sings on the white steppe at night?
Like a star close to the white earth,
a small fire mourns, off in the distance,
where the wolf, with his throat and eyes, like blood,
sings his hunger-song on the steppe.
And Chaim is not the name of the wolf in the world,
and Stepan is not the name of the wolf in the world,
and he doesn't have a warm home in the world,
just the hair standing up on his skin
under the blood and gold of the moon,
and the white emptiness at the core of the world
surrounds him like a yellow sea —
and his limbs yearn to plunder,
like a dying man seeking light in the darkness. —
And white as his white teeth,
his breath steams out of him, mournful
under the blood and gold of the moon —
And Jesus didn't look any different
when he walked on the waves of the sea
under the blood and gold of the moon,
his eyes strained toward heaven — all alone.

אין דער וועלט

ווער האָט שוין פֿאַרנומען דאָס הונגערליד,
וואָס דער וואָלף זינגט, אין ווײַסן סטעפּ, בײַ נאַכט?
ווי אַ שטערן נאָענט פֿון דער ווײַסער ערד,
וויינט אַ פֿײַערל ערגעץ אין דער ווײַט,
און אַהין מיטן האַלדז און מיט אויגן, ווי בלוט,
זינגט דער וואָלף אין סטעפּ זײַן הונגערליד.
און נישט חיים הייסט דער וואָלף אין דער וועלט;
און נישט סטעפּאַן הייסט דער וואָלף אין דער וועלט
און ער האָט נישט קיין וואַרעמע היים אין דער וועלט, —
בלויז די אויפֿגעשטעלטע האָר אויף זײַן פֿעל
בײַ דער שײַן פֿון לבֿנהס בלוטיקן גאָלד
און אַזוי ווי אַ גאָלדענער ים זעט אויס אַרום אים
די ווײַסע פּוסטקייט אין מיטן דער וועלט — — —
און די גלידער זײַנע בענקען נאָך רויב,
ווי אַ שטאַרבנדיקער נאָך ליכט אין דער פֿינצטער. — — —
און ווײַס ווי זײַנע ווײַסע ציין,
וויינט דער אָטעם, וואָס פּאַרעט פֿון אים אַרויס
בײַ דער לבֿנהס בלוטיקן גאָלד. — — —
און יעזוס האָט דאָך נישט אויסגעזען אַנדערש,
ווען ער איז אויף די וואַלן פֿון ים
בײַ דער לבֿנהס בלוטיקן גאָלד
מיט אויגן, צום הימל, אַרויפֿגעשטרעקטע
געשטאַנען — איינער אַליין.

In Central Park

Whose fault is it that your tree is unseen,
garden in snow, my garden in snow.
Whose fault is it that your tree is unseen,
that a woman goes walking in you
and her breasts rise and tremble
like a ship on agitated waves and foam,
a ship on the ocean with two pirates
yelping that they are two pirates —
garden in snow, my garden in snow.

Whose fault is it that there is no deer,
garden in snow, my garden in snow.
Whose fault is it that there is no deer,
that a priest who has to be as pious as a child
runs after his hat in the wind
and shouts after it "hey" and "ho" and "hallo!"
And the hat in its desperate swirl
doesn't hear him, in its desperate swirl —
garden in snow, my garden in snow.

Whose fault is it that I'm a stranger to you,
garden in snow, my garden in snow.
Whose fault is it that I'm a stranger to you,
that here I chase after my scarf and hat,
the likes of which nobody else in this whole country owns,
I who have the kind of beard your wind parts,
the way a woman parts straw while looking for an egg
for her sick child, looking for an egg from a hen —
garden in snow, my garden in snow.

אין סענטראַל־פּאַרק

ווער איז שולדיק אין דעם וואָס מען זעט ניט דיַין בוים,
גאָרטן אין שניי, מיַין גאָרטן אין שניי.
ווער איז שולדיק אין דעם וואָס מען זעט ניט דיַין בוים,
אַז סע גייט שפּאַצירן אין דיר אַזאַ פֿרוי,
וואָס איר בוזעם הייבט זיך און וואַרפֿט זיך אַזוי,
ווי איבער צערודערטע כוואַליעס און שוים
אַ שיפֿל אין ים, מיט ים־רויבער צוויי,
וואָס שריַיען, אַז זיי זיַינען ים־רויבער צוויי. —
גאָרטן אין שניי, מיַין גאָרטן אין שניי.

ווער איז שולדיק אין דעם וואָס קיין הערש איז נישטאָ,
גאָרטן אין שניי, מיַין גאָרטן אין שניי.
ווער איז שולדיק אין דעם וואָס קיין הערש איז נישטאָ,
אַז אַ גלח וואָס דאַרף זיַין פֿרום ווי אַ קינד
לויפֿט נאָך דעם קאַפּעליוש זיַינעם אין ווינט,
און ער שריַיט צו אים היי און האָ, און האַ־לאָ!
און דער קאַפּעליוש אין זיַין וויסטן געדריי
הערט אים ניט, אין זיַין וויסטן געדריי, —
גאָרטן אין שניי, מיַין גאָרטן אין שניי.

ווער איז שולדיק אין דעם וואָס איך בין דיר פֿרעמד,
גאָרטן אין שניי, מיַין גאָרטן אין שניי.
ווער איז שולדיק אין דעם וואָס איך בין דיר פֿרעמד,
אַז איך גיי נאָך דעם שאַל און דאָס היטל דאָ,
וואָס ביַי קיינעם אין לאַנד איז אַזוינס נישטאָ,
און אַז כ'האָב נאָך אַ באָרד וואָס דיַין ווינט צענעמט
ווי אַ ייִדענע שטרוי, וווּ זי זוכט אַן איי
פֿאַר איר קראַנקן קינד, פֿון דער הון אַן איי, —
גאָרטן אין שניי, מיַין גאָרטן אין שניי.

Kol Nidre

The old clown from Karakhamba
used to shred onion into his coffee.
"I am sad," I say to myself,
with the melody of "Kol Nidre" in the dark.

How oddly his red eyes
blinked over the clay cup;
with a plain wooden spoon
he ate the onion with his coffee.

And seven days of autumn rain on the window
won't remind you of death
as want does, moaning drawing out
its moaning in each sip.

"I will go where my forefathers have gone,"
the open mouth said to the wooden spoon;
"my wife, Balayke, is already there.
I will go where my forefathers have gone."

The pieces of onion in the spoon
looked like broken pearls;
yet they also looked like tobacco-yellowed
thin fingers playing a dulcimer.

In a dress of many yards of cloth
Balayke danced before her groom.
Why are you crying, clown from Karakhamba,
this is only my Kol-Nidre-melody.

The clay coffee cup is warm,
like my heart, which was born blind;
and the onion, that shredded onion,
is as bitter as my sadness in the dark.

כּל־נדרי

דער אַלטער קלאַון פֿון קאַראַכאַמבאַ
פֿלעגט אַרײַנבראָקן ציבעלעס אין דער קאַווע.
מיר איז אומעטיק, — דערצייל איך מיר דאָס
מיט דעם ניגון „כּל־נדרי“ אין דער פֿינצטער.

ווי מאָדנע ער האָט מיט די רויטלעכע אויגן
געפּינטלט בײַ דעם ליימענעם טעפּל;
מיט אַ פּראָסטן הילצערנעם לעפֿל האָט ער
די ציבעלעס מיט קאַווע געגעסן.

און זיבן טעג, האַרבסטרעגן אין פֿענצטער
קענען אַזוי אָן טויט נישט דערמאָנען,
ווי די אָרעמקייט, וואָס האָט געיאָמערט,
פֿון זײַן יעדן זופּ אַרויסגעיאָמערט.

איך וועל גיין, ווּ די אָבֿות זײַנען געגאַנגען —
האָט דאָס אָפֿענע מויל געזאָגט צום לעפֿל. —
מײַן ווײַב באַלײַקאַ איז אויך שוין דאָרטן,
איך וועל גיין, ווּ די אָבֿות זײַנען געגאַנגען.

די שטיקלעך ציבעלע אויפֿן לעפֿל
האָבן אויסגעזען, ווי צעבראָכענע פּערל;
נאָר זיי האָבן דערמאָנט אויך אָן טאַבאַק־פֿאַרגעלטע
דאַרע פֿינגער אויף אַ צימבל.

אין אַ קלייד פֿון זיבן מאָל זיבן איילן
האָט באַלײַקאַ אַנטקעגן געטאַנצט איר חתן.
וואָס ווייסטו, קלאַון פֿון קאַראַכאַמבאַ,
דאָס איז דאָך בלויז מײַן כּל־נדרי־ניגון.

דאָס ליימענע קאַווע־טעפּל איז וואַרעם,
אַזוי ווי מײַן האַרץ, וואָס איז בלינד געבוירן;
און די ציבעלע, די אַרײַנגעבראָקטע,
איז האַרב ווי מײַן אומעט אין דער פֿינצטער.

Evening

What is a rosebush saying to me when it grows
somewhere, with red roses, over a fence?
It says: a man who cries over a lost love
should pass by there and remember
that his longing is like dust,
compared with the light of his sadness.

What is a tree, somewhere in the twilight, saying to me,
its branches hanging down to the earth?
It says: a man whose soul is sad
will fall asleep, like a child with a plaything,
when the light of the day is replaced, in sleep,
by the light he had, and lost.

Oh, my hands, ashamed, don't cry —
I will walk with my head bowed down to the ground
and console you when I pass by a rosebush,
my longing like dust,
compared with the light from my sadness.
And my soul, a tree with branches hanging
down to the earth, will fall asleep
like a child with a plaything
when the light of the day is replaced, in sleep,
by the light I had, and lost.

אָוונט

וואָס זאָגט מיר אַ קוסט מיט רויזן רויטע,
ווען ער וואַקסט ערגעץ איבער אַ פֿאַרקאַן אַריבער?
ער זאָגט: אַז אַ מענטש וואָס ווײנט אויף אַ ליבע
וואָס ער האָט פֿאַרלוירן
זאָל פֿאַרבײַגיין דאָרטן, און זאָל זיך דערמאָנען,
אַז זײַן בענקשאַפֿט איז צו שטויב געגליכן,
אַנטקעגן דער ליכטיקייט פֿון זײַן טרויער — — —

וואָס זאָגט מיר דער בוים, וועמעס צווײַגן עס הענגען
צו דר'ערד אַרונטער, אין אָוונטשײַן ערגעץ?
ער זאָגט: אַז דער מענטש וועמעס זעל איז פֿאַראומערט
וויל אײַנשלאָפֿן ווי אַ קינד מיט אַ שפּילעכל,
ווען די ליכטיקייט פֿונעם טאָג ווערט פֿאַרביטן
אויף דעם ליכט, וואָס ער האָט געהאַט, און פֿאַרלויר

אָ ווײנט נישט מײַנע פֿאַרשעמטע הענט —
איך וועל גיין מיטן קאָפּ צו דער ערד, און אײַך טרייסטן
ווען איך וועל אַ קוסט מיט רויזן פֿאַרבײַגיין,
וועט מײַן בענקשאַפֿט צו שטויב געגליכן זײַן
אַנטקעגן דער ליכטיקייט פֿון מײַן טרויער.
און מײַן זעל, ווי אַ בוים מיט די צווײַגן אַרונטער,
וועט אײַנשלאָפֿן ווי אַ קינד מיט אַ שפּילעכל,
ווען דאָס ליכט פֿונעם טאָג וועט פֿאַרביטן ווערן
אויף דעם ליכט וואָס איך האָב געהאַט און פֿאַרלוירן.

A Velvet Dress

The young lady in bed stood on her head
and with her naked legs in the air
burst into tears, like a squall —
"A velvet dress, a velvet dress!"
The old woman with closed sleepy eyes
promised to buy her a great brass trumpet
so she could puff up her cheeks
and blow into it whenever she wants.
But that didn't satisfy
the young lady in bed who stood on her head.
Her naked legs twisted in the air like a bagel,
she kept on insisting —
"A velvet dress, a velvet dress!"
The old woman opened her eyes and softly
promised her, "If you would only go to sleep
I will buy you the red flute from the shepherd
which makes sounds like doo-doo and doodle-oo-doo."
It looked like the young lady in bed who stood on her head
had almost forgotten the velvet dress —
her naked legs, her hands stretched out in wild childish joy,
waving them in front, waving them to the side —
until she reminded herself once more.
And with her crazy legs flailing in the air
the young lady in bed who stood on her head
kept insisting, "A velvet dress,
a velvet dress!" And nothing but.

אַ סאַמעטן קלייד

האָט די פֿרײַלין אין בעט זיך געשטעלט אויפֿן קאָפּ
און מיט די נאַקעטע פֿיס אין דער לופֿטן
אַזוי ווי אַ ווינט זיך צעווײינט;
— אַ סאַמעטן קלייד, אַ סאַמעטן קלייד!
האָט איר די אַלטע מיט אויגן פֿאַרמאַכטע פֿאַרשלאָפֿענערהייט
צוגעזאָגט קויפֿן אַ מעשענעם גרויסן טראָמפּייט
זי זאָל קענען די באַקן צעבלאָזן, ווען זי וועט וועלן.
איז דאָס דער פֿרײַלין, וואָס האָט זיך גשעטעלט אויפֿן קאָפּ נישט געפֿעלן.
האָט זי די נאַקעטע פֿיס אין דער לופֿטן,
אַזוי ווי אַ בייגל פֿאַרדרייט
און זיך אײַנגעשפּאַרט דווקא;
— אַ סאַמעטן קלייד, אַ סאַמעטן קלייד —
האָט די אַלטע די אויגן געעפֿנט און שטילינקערהייט
געשווירן זיך, — אויב זי וועט שלאָפֿן; זאָגט זי איר צו
צו קויפֿן בײַם פּאַסטוך די רויטינקע פֿלייט
וואָס מען קען אויף איר מאַכן דו־דו און דודל־אָר־דו.
האָט דעמאָלט די פֿרײַלין, וואָס האָט זיך געשטעלט אויפֿן קאָפּ
שוין טאַקע אַזוי ווי פֿאַרגעסן כמעט אָן דעם סאַמעטן קלייד,
און מיט די נאַקעטע פֿיס, ווי אַ קינד, מיט די הענטלעך פֿאַר פֿרייד
זיך געשטרעקט און געשפּרייט
און געפֿאָכעט מיט זיי אין דער לענג
און געפֿאָכעט מיט זיי אין דער ברייט,
ביז זי האָט זיך ווידער דערמאָנט.
און מיט די פֿיס אין דער לופֿטן אַזוי ווי משוגענערהייט
זיך אײַנגעשפּאַרט דווקא נישט אַנדערש;
— אַ סאַמעטן קלייד, אַ סאַמעטן קלייד!

Song of the Dead Nobleman

Dmitri, the famous nobleman, has died —
oh my son, my dear son.
The bell called out to the peasant to come from the field:
"Come, the dead man is yours, is yours."
The peasant, at first, turned aside
and replied, "He's not mine, not mine."
But afterwards, when he thought he heard
the dead man weeping in the call of the bell
he cast his eyes downward
and walked behind
the dead man in his green sash and red shirt.

The nobleman was carried out to the cemetery —
oh my son, my dear son.
The bell called a Jew from his house of study:
"Come, the dead man is yours, is yours."
The Jew, at first, closed his holy book
and replied, "He's not mine, not mine;"
and then, when it seemed to him he heard
someone calling him to tear
his clothes in mourning, he became dark as the night
and ripped the light white linen robe
that he wore for study and prayer.

The nobleman lay on the grass near his grave —
oh my son, my dear son.
The bell called the dog in the castle and courtyard:
"Come, the dead man is yours, is yours."
The dog, at first, twitched
and replied, "He's not mine, not mine."
But when it seemed to him that he heard
the bell calling and calling to the open grave
he left the castle and the courtyard
and as quickly as he could
scampered to the open grave.

The nobleman lay under his mound of earth —
oh my son, my dear son.
The bell still and silent, the peasant goes back home,
back to his cares,
while the dog seeing him leave rises and goes with him.
The peasant calls to him, "My brother."

דאָס ליד פֿון דעם געשטאָרבענעם פּאַן

געשטאָרבן דימיטרי, אַ פּאַן אין דער וועלט,
— זונעלע מייַנער, זונעלע מייַנער.
האָט דאָס גלעקל גערופֿן דעם פּויער פֿון פֿעלד:
קום, דער טויטער איז דייַנער.
האָט דער פּויער צום ערשטן זיך אָפּגעקערט
און געענטפֿערט: נישט מייַנער, נישט מייַנער.
נאָר דערנאָך ווען אים האָט זיך געדאַכט אַז ער הערט
אין דעם רוף פֿון גלעקל וויינען דעם טויטן,
איז ער מיט אויגן אַראָפּ צו דער ערד
מיט דעם גרינעם גאַרטל אין העמד זייַן רויטן,
געגאַנגען הינטער דעם טויטן.

טראָגט מען דעם פּאַן אויפֿן צווינטער אַרויס,
— זונעלע מייַנער, זונעלע מייַנער.
האָט דאָס גלעקל גערופֿן אַ ייִדן פֿון קלויז:
קום, דער טויטער איז דייַנער.
האָט דער ייִד צום ערשטן דאָס ספֿר פֿאַרמאַכט
און געענטפֿערט: נישט מייַנער, נישט מייַנער,
נאָר דערנאָך, ווען אים האָט זיך אויסגעדאַכט
אַז ער הערט ווי מען הייסט אים קריעה רייַסן,
איז ער שווער און פֿינצטער אַזוי ווי די נאַכט
אין זייַן אייביק קאַלטן קיטל דעם ווייַסן,
געגאַנגען קריעה רייַסן.

ליגט דער פּאַן שוין לעבן זייַן גרוב, אויפֿן גראָז.
— זונעלע מייַנער, זונעלע מייַנער.
רופֿט דאָס גלעקל דעם הונט אַרום הויף און שלאָס:
קום, דער טויטער איז דייַנער.
האָט דער הונט זיך אַ צי געטאָן אַרויף
און געענטפֿערט: — ניט מייַנער, ניט מייַנער.
נאָר אַז ער האָט געהאָרכט — און עס הערט ניט אויף
דאָס גלעקל רופֿן צום גרוב וואָס איז אָפֿן,
איז ער אַוועק פֿון שלאָס און פֿון הויף
און ווי גיך מען קען — צום גרוב געלאָפֿן
וואָס איז שוין געלעגן אָפֿן.

ליגט דער פּאַן שוין אונטער זייַן בערגעלע ליים.
— זונעלע מייַנער, זונעלע מייַנער.
שווייַגט דאָס גלעקל שטיל, גייט דער פּויער אַהיים —
צוריק, צו דער זאָרג צו זייַנער,
זעט דער הונט אים גיין, שטייט ער אויף און גייט מיט.
רופֿט דער פּויער אים, ברודער מייַנער.

From his study the Jew sees them leaving together,
leaving from the cemetery gate,
and wants to go with them but doesn't move,
like the great stone god
standing there by the cemetery gate.

דערזעט זיי אין איינעם פֿון קלויז דער ייִד
אַרויסגיין פֿון צווינטער־טויער,
ווײַל ער גייען מיט זיי און ער רירט זיך ניט
ווי דער גאָט דער שטיינערדיק גרויסער
איבער אים — בײַם צווינטער־טויער.

from *Moyshe-Leyb Halpern:*
Volume Two (1934)

Sunset on Trees

Sky. Sunset on trees,
wind and dread burnished by sadness,
and the boy in me — the gray old man —
listens to see the hand that guides
the sun as it lies down and dies.
And the artist in me looks at its colors
that are golden and blue and red —
and its life crying like a perpetual death
that is beautiful and lit up in an evening gleam,
like a child when its mother rocks it to sleep.

Let my gray head incline —
let my gray head incline.

My hands shall never be able to stretch
to what people call happiness,
to children, friends and lovely women —
sadness that dances on a golden tightrope
over a river that reflects the sky.
And longing — under decay seeks knowing;
and bird and heart and the shirt on the body —
a thousandfold years gathering.
And lament — what people call song —
consoles its very own soul that is ill.

Let my gray head incline —
let my gray head incline.

(translated with Solon Beinfeld)

זונפֿאַרגאַנג אויףביימער

הימל. זונפֿאַרגאַנג אויף ביימער,
און ווינט און פּחד מיט טרויער באַצירט,
און דאָס ייִנגל אין מיר דעם מענטש דעם גרויען
האָרכט צו זען די האַנט וואָס פֿירט
די זון, זאָל זיך לייגן שטאַרבן.
און דער קינסטלער אין מיר קוקט אויף זײַנע פֿאַרבן
וואָס זענען גאָלדיק און בלוי און רויט —
און זײַן לעבן וויינט ווי דער אייביקער טויט
וואָס איז שיין און ליכטיק אין אָוונטשײַן,
ווי אַ קינד ווען די מאַמע וויגט עס אײַן.

זאָל זיך בויגן מײַן קאָפּ דער גרויער —
זאָל זיך בויגן מײַן קאָפּ דער גרויער.

מײַנע הענט זאָלן קיין מאָל זיך ניט שטרעקן
צו דעם וואָס מענטשן רופֿן גליק.
קינדער, פֿרײַנט און שיינע פֿרויען —
טרויער וואָס טאַנצט אויף אַ גאָלדענעם שטריק —
איבער אַ טײַך וואָס קאָפּירט דעם הימל.
און בענקשאַפֿט — זוכט אין פֿאַרשטאַנד אונטער שימל.
און פֿויגל און האַרץ און העמד אויפֿן לײַב —
אַ טויזנט־יעריק צוזאַמענקלײַב.
און געוויין וואָס מענטשן רופֿן געזאַנג
צו טרייסטן די אייגענע זעל וואָס איז קראַנק. —

זאָל זיך בויגן מײַן קאָפּ דער גרויער —
זאָל זיך בויגן מײַן קאָפּ דער גרויער.

The Hasidic Rebbe

Before he died, the rebbe asserted:
"Nobody should open the lid, the lid
of this box." But his wife had noticed
ten years earlier, he took from his vest
something he put in the box, then nailed
the lid to the box. After his behest, she wailed
and moaned, for the rebbe had died,
and after the first week, when all had cried,
she just couldn't resist and one night
crept up the steps to the attic, her candlelight
flickering, her forehead sweating in fear
of what she might end up finding there
and with pliers pulled the nail from the lid
and opened the box, which the rebbe forbid.

Yes, pulled out the nail with pliers
and opened the lid. Yes,
pulled out the nail with pliers
and opened the lid . . . Yes.

דער צדיק

דער צדיק פֿאַר זײַן טויט האָט אָנגעזאָגט:
מען זאָל נישט עפֿענען דאָס דעקל.
נאָר זײַן ווײַב, וואָס האָט אים געזען, פֿונעם וועסטל
מיט צען יאָר צוריק — אַרײַנלייגן עפּעס אין קעסטל.
און דאָס דעקל צושלאָגן מיט אַ טשוועקל
האָט נישט באַוויזן זיך אײַנצוהאַלטן;
און כאָטש זי האָט געפֿילט דעם שווייס דעם קאַלטן,
וואָס רינט איר פֿאַר פּחד אַראָפּ פֿונעם שטערן,
האָט זי גלײַך נאָך דער שיבֿאה־וואָך מיט אַ לאַמטערן
אין מיטן דער נאַכט זיך אויפֿגעהויבן,
און אַרויפֿגעקראָכן אויפֿן בוידעם אויבן,
און אַרויסגעשלעפּט מיט אַ צווענגל דאָס טשוועקל
און אויפֿגעעפֿנט דאָס דעקל.

יאָ — אַרויסגעשלעפּט מיט אַ צווענגל דאָס טשוועקל.
און אויפֿגעעפֿנט דאָס דעקל.
יאָ־יאָ־יאָ. אַרויסגעשלעפּט מיט אַ צווענגל דאָס טשוופּקל,
און אויפֿגעעפֿנט דאָס דעקל.

Shalamoyzn

I wear an old pair of slippers,
I wear sailor's pants,
and the guest wearing glasses
insists I tell him about the Shalamoyzn,
about the famous odd heroes — the Shalamoyzn.

The Shalamoyzn serve God, as one should,
and they wear red hats.
In the summer they always travel by coach
and in winter they have light sleighs,
and in winter travel in those very sleighs.

They don't think too highly of women.
And every day they drink beef broth.
And just as Jews hate apostates
they hate the one, God forbid, called Yosl,
having already killed a Yosl!

They live off the snow
from eggs cracked open to make meringue.
And when a stranger asks them the way to the bathhouse,
they don't say "around here" but "'roond here,"
not "around here" but "'roond here."

At dusk however they bake themselves
in bowls of shredded garlic
and they burn without giving off
even a sigh of any kind of *trubl*,
of any kind of unwarranted *trubl*.

And naked until midnight
they sit and — with all my due respect — declare
this is how ordinary Shalamoyzn are — and yet —
what a marvel of heroes,
what great heroes.

שאַלאַמויזן

איך טראָג אַ פּאָר אַלטע פּאַנטאָפֿל,
איך טראָג מאַטראָזן־הויזן,
און דער גאַסט מיט די ברילן לאָזט מיך ניט אָפּ
איך זאָל אים דערציילן פֿון די שאַלאַמויזן
פֿון די באַרימטע העלדן שאַלאַמויזן.

די שאַלאַמויזן דינען גאָט ווי מען דאַרף,
און זיי טראָגן רויטע היטלעך.
און זומער פֿאָרן זיי תּמיד מיט אַקס
און פֿאַר ווינטער האָבן זיי גרינגע שליטלעך,
פֿאָרן זיי אין די דאָזיקע שליטלעך.

פֿון ווײַבער האַלטן זיי קיינער ניט.
און זיי עסן אַלע טאָג ראָסל.
און ווי ייִדן די שמד האָבן זיי פֿײַנט
אַזוינעם וואָס מען רופֿט אים יאָסל, חלילה יאָסל.
זיי האָבן איינעם שוין דערהרגעט אַ יאָסל!

זיי לעבן פֿון דעם וואָס זיי מאַכן שניי
פֿון אייער וואָס ווערן צעבראָכן פֿון צוקער.
און פֿרעגט זיי אַ פֿרעמדער דעם וועג צו דער באָד,
זאָגט מען נישט דאָ אַרום נאָר דורים,
נישט דאָ אַרום, נאָר דורים.

פֿאַר נאַכט אָבער זעצן זיי זיך אַרײַן
אין צעריבענע שיסלען קנאָבל,
און זיי ברענען און גיבן אַפֿילו ניט
קיין זיפֿץ פֿון אַזוי פֿיל טראָבל,
פֿון אַזוי פֿיל אומזיסטן טראָבל.

און נאַקעט אַזוי ביז האַלבער נאַכט
זיצן זיי מיט רעספּעקט צו מעלדן,
פּראָסטע שאַלאַמויזן דאַכט זיך, און דאָך —
סאַראַ וווּנדרלעכע העלדן.
סאַראַ גרויסע העלדן.

My Shouting

My shouting has turned numb beyond my own powers
like someone sick in the middle of a stony street on a winter night,
moonlight turning him into a yellowed corpse,
and only the wind that flies in the dark from sign to sign —
over the used clothing stores — sees him,
and the world is endlessly rich in windows
that light up the night — across from the railroad tracks
near the shore by the ocean,
down to the shore below,
across from palaces with gardens and fences around them,
where there is warm flesh under silk —
and yellow and brown cake between fingers and teeth like little pearls,
while ears hear love-talk from a man or a woman,
and there are wine bottles with such beautiful long narrow necks
covered with gold and silver,
and exorbitant flowers, indulged, perhaps, because they are in love.
How foreign and estranged are they from what is in the street,
from what, in their joy, is nonexistent,
merely imagined. Dreamed up by someone frightened in the dark
all alone, his first night
in a new apartment somewhere,
not sleeping — hearing the wind — wondering what,
what goes on out there, somewhere.

מײַן שרײַעדיקייט

מײַן שרײַעדיקייט איז אײַנגעשלאָפֿן איבער מײַנע הענט
ווי אַ קראַנקער אין מיטן גאַס אין אַ ווינטערנאַכט אויף אַ שטיין,
דאָס ליכט פֿון דער לבֿנה אויף אַזוינעם איז געל ווי אויף אַ טויטן,
און בלויז דער ווינט וואָס פֿליט אין דער פֿינצטער פֿון שילד צו שילד —
איבער די אַלטע קליידער־געשעפֿטן — זעט אים —
און די וועלט איז דאָך אַזוי אומענדלעך רײַך אין פֿענצטער,
וואָס לויכטן אַרויס אין דער נאַכט — אַנטקעגן רעלסן
בײַ די ברעגן פֿון ים
פֿון ברעג אַרונטער,
פֿון פּאַלאַצן מיט גאָרטן און צוים אַרום זיך —
און דאָרט איז וואַרעם לײַב אונטער זײַד —
און געלער און ברוינער קוכן צווישן פֿינגער און ציין די פּערל קליינע,
בעת די אויערן הערן ליבערייד פֿון מאַן אָדער פֿרוי,
און פֿאַראַן ווײַנפֿלעשער מיט אַזוינע לאַנגע שמאָלע העלדזער שיינע
און מיט זילבער פֿון אויבן און מיט גאָלד
און בלומען פֿאַר אַזוי פֿיל איבעריק געלט
אויף הערצער — וואָס זענען אפֿשר זייער גוט — ווײַל זיי האָבן ליב.
נאָר ווי פֿרעמד און ווי אָפּגעשיידט זיי זענען פֿון דעם אין מיטן גאַס
לויט זייער פֿריילעכקייט איז ער אין גאַנצן נישטאָ,
אויסגעטראַכט בלויז. אויסגעטרוימט פֿון אַ שרעקנדיקן אין דער פֿינצטער
אין אַ נײַער דירה ערגעץ
איינער אַליין
די ערשטע נאַכט,
שלאָפֿט ער ניט — הערט ער דעם ווינט — מיינט ער, ווער ווייסט וואָס
עס טוט זיך דאָרט ערגעץ אין דרויסן.

Afterword

Moyshe-Leyb Confronts Me
(after reading Renato Poggioli's essay "The Added Artificer")

You couldn't have written these poems in English
if I had not first written them in Yiddish,
my poems a life source for you, you usurper you,
you shapeshifter, you thief, you shameless converter of my work
from Yiddish into English, your language, not mine,
you drawn to "contemplate your own likeness not
in the spring of nature but in the pool of art."
You, narcissistic, gaze at me for form and experience;
you heisted from me to meet your own needs. You bam-
boozled me, you hoodwinked me, took me for a ride,
used me to serve yourself, to put myself into
your words, to exploit me, to falsify me, you, crafty you.
You translator — you trickster, you meddler, you adulterer —
picking me for your own purposes, I Moyshe-Leyb turned into Richard Jacob.
You *goniff*, you, if I could come back, I would return the favor.

משה־לייב קאָנפֿראָנטירט מיך
(פֿאַר שלום ביינפֿעלד)

דו וואָלטסט ניט געקענט שרײַבן די לידער אויף ענגליש
ווען איך וואָלט זיי צום ערשטן ניט געשריבן אויף ייִדיש,
מײַנע לידער אַ לעבנסקוואַל פֿאַר דיר, דו פֿאַרכאַפּער דו,
דו, גנבֿיש, דו חוצפּהדיק וואָס האָט אָפּגעשמדט מײַן ווערק
פֿון ייִדיש אויף ענגליש — דײַן שפּראַך, ניט מײַנע — —
דו צוגעצויגן „צו באַטראַכטן דײַן אייגענעם געשטאַלט ניט
אין קוואַל פֿון דער נאַטור נאָר אין סאַזשעלקע פֿון קונסט.“
דו, נאַרציסיסטיש, קוקסט אויף מיר פֿאַר געשטאַלט און דערפֿאַרונג;
דו האָסט געגזלט פֿון מיר פֿאַר דײַנע אייגענע נויטן.
דו האָסט מיך פֿאַרפֿירט, מיך אַרײַנגעשטופּט אין אַ זאַק,
האָסט מיך צעדרייט, האָסט מיך עקספּלואַטירט, האָסט מיך פֿאַלש פֿאַרטײַטשט
פֿאַר דײַנע אייגענע צוועקן, דו האָסט זיך אַרײַנגעשטעלט אין מיר.
דו איבערזעצער — דו שווינדלער, דו קאָכלעפֿל, דו אשת־אישניק,
דו פֿאָרעם־בײַטער — איך משה־לייב בין מגולגל געוואָרן אין רובֿן־יעקבֿ.
דו, *chiseler*, דו, אַז איך וואָלט געקענט צוריקקומען וואָלט איך געטאָן דאָס זעלבע
מיט דיר.

Notes

"Your Life"
tsimes — a compote of stewed fruit
shmalts — fat for culinary purposes

"Isaac Leybush Peretz"
Peretz was a famous Yiddish writer (1852–1915). Tens of thousands attended his funeral.
shnaps — whiskey

"My Restlessness from a Wolf"
yortsayt candle — a candle placed in a glass and that burns for days on the anniversary of a person's death.

"Zarkhi to Himself"
According to the eminent scholar Benjamin Harshav, the name Zarkhi is not common in Yiddish and is from the Hebrew, meaning "dark" or "shining in the dark."

"Zarkhi's Family"
golem — a monster figure in East European Jewish folklore who possesses great prowess but who is also dumb and lethargic as well as capable of great destruction. He must be directed by a person of superior intelligence.

"Sacco-Vanzetti"
Nicola Sacco and Bartolomeo Vanzetti were two anarchists electrocuted (on August 23, 1927) for murdering a guard delivering money to a bank. Their case was a *cause célèbre*, many liberals and leftists claiming the two men were innocent.

"Kol Nidre"
Kol Nidre is the prayer commencing Yom Kippur, the Day of Atonement. Its wistful melody has a deep impact on Jews.

"Shalamoyzn"
Shalamoyzn is a nonsense word in Yiddish. It can also mean crank or oddball. The first Yosl is probably a reference to Joseph Stalin, the second to Jesus.

www.ingramcontent.com/pod-product-compliance
Lightning Source LLC
Chambersburg PA
CBHW021156160426
43194CB00007B/769